Schulentwicklung und Lehrerausbildung
im Zeichen der europäischen Integration

Erfurter Beiträge zur Schulpädagogik 1998

Herwart Kemper, Siegfried Protz
(Herausgeber)

Schulentwicklung und Lehrerausbildung im Zeichen europäischer Integration

Tagungsbeiträge der Konferenz thüringisch-ungarischer Bildungsexperten

Mit Beiträgen von: Gernot Barth, László Dinya, Ursula Gardeia, Herwart Kemper, Christina Kindervater, György Mikonya, Siegfried Protz, Katalin Rádli, Bernd Schreier, Hermann Ströbel, Horst Weishaupt, Éva Zám

---

Erfurter Beiträge zur Schulpädagogik

Die Deutsche Bibliothek – CIP Einheitsaufnahme

Schulentwicklung und Lehrerausbildung im Zeichen europäischer Integration :
Tagungsbeiträge der Konferenz Thüringisch-Ungarischer Bildungsexperten /
Herwart Kemper ; Siegfried Protz (Hrsg.). –
Norderstedt : Fischer, 1998
(Erfurter Beiträge zur Schulpädagogik)
ISBN 3-926049-19-7

Am Hochsitz 8
D-22850 Norderstedt
Tel.: 040 5252828
Fax: 040 52110976

Printed in Germany
Herstellung: Milde/Bremen
ISSN 1436-3860
ISBN 3-926049-19-7

Inhalt

Vorwort der Herausgeber

Die Beiträge in diesem Reader sind das Ergebnis einer gemeinsamen Tagung von Bildungsexperten aus Ungarn und dem Freistaat Thüringen, die am 30.10.1997 in Finsterbergen (Thüringen) stattfand. Diese wissenschaftliche Expertentagung wurde vom Institut für Schulpädagogik der Pädagogischen Hochschule Erfurt im Auftrag des Thüringer Ministeriums für Wissenschaft und Kultur veranstaltet. In Ungarn wie auch in den neuen Bundesländern, einschließlich des Freistaates Thüringen, findet seit Jahren eine tiefgreifende Reform sowohl der Schule als auch der Lehrerausbildung statt. Diese war notwendig, um sich von der zentralistischen Einheitsschule der sozialistischen Vergangenheit und der damit verbundenen ideologischen Erziehung im Sinne der marxistisch-leninistischen Weltanschauung zu lösen und einen ersten Schritt in Richtung auf ein europäisches Bewußtsein zu tun.

Diese wissenschaftliche Arbeitstagung stellt einen ersten gelungenen Versuch dar, unterschiedliche Ansätze zur Reform der Lehrerbildung und zur Reform von Schule unter dem Anspruch der europäischen Integration zur Sprache zu bringen. Davon zeugen die Beiträge in diesem Sammelband. Deren Spannweite reicht von Beiträgen aus bildungspolitischer Sicht zur Lehrerbildung und zur Rolle und Funktion von Schulversuchen und Lehrplänen bei der Entwicklung von Schulen bis hin zur Aufgabe der Schule und des Unterrichts unter dem Anspruch, die europäische Dimension in der Bildung aus erziehungswissenschaftlicher Sicht umzusetzen. Diese hier vorgelegten Referate von Bildungspolitikern, Lehrerbildnern, Lehrplangestaltern und pädagogischen Wissenschaftlern aus beiden Ländern stellen eine erste Bestandsaufnahme in den Kooperationsbeziehungen zwischen Pädagogen aus Ungarn und dem Freistaat Thüringen dar und zeigen Wege für eine intensivere Zusammenarbeit auf. So fand im Anschluß an die Tagung in Finsterbergen im Dezember 1997 eine gemeinsame Arbeitskonferenz von Curriculumplanern beider Länder in Bad Berka (Thüringen) statt. Darüberhinaus haben sich die Universität Debrecen und die Pädagogischen Hochschulen Eger und Erfurt (Institut für Schulpädagogik) sowie Grund- und Regelschulen aus Ungarn und Thüringen in einem Projekt der Europäischen Union zusammengefunden. In diesem Projekt wird das Konzept einer interkulturellen Erziehung als Dialog auf theoretischer und praktischer Ebene weiterentwickelt und erprobt. Dabei geht es um die Sensibilisierung für kulturelle Unterschiede, Einübung von Wahrnehmungsformen, um das Eigene am Fremden zu erkennen, letztlich um die Herausbildung moralischer, politischer und ästhetischer Urteilsfähigkeit, um den Anforderungen der europäischen Integration besser entsprechen zu können. An diesem EU-Projekt sind darüberhinaus Wissenschaftler der Universitäten Cambridge, Leeds, Utrecht, Warschau und Vilnius sowie Schulen aus diesen Ländern beteiligt.

Abschließend möchten die Veranstalter und Herausgeber dieses Sammelbandes sich besonders bei Herrn Dr. Jürgen Andreé bedanken, der mit viel Übersicht und Engagement diese Konferenz vorbereitete und organisierte, ebenso bei Frau Dr. Marta Gutsche (Berlin). Für die technische Hilfestellung beim Zusammenstellen des Manuskriptes und für das sorgfältige Korrekturlesen gilt unser Dank Herrn Dr. Klaus Jaritz und Frau Bettina Albrecht.

Erfurt, den 28. Juli 1998

Herwart Kemper
Siegfried Protz

1. Lehreraus- und Lehrerweiterbildung in Ungarn und Thüringen

Modelle zur Weiterentwicklung der Lehrerbildung in Thüringen

Hermann Ströbel

Mit dem Jahr 1991 übernahmen die neuen Länder in der Bundesrepublik Deutschland die Grundstruktur der Lehrerausbildung, die sich bis zu diesem Zeitpunkt in der „alten" Bundesrepublik entwickelt hatte. Thüringen lehnte sich an das im Land Rheinland-Pfalz praktizierte Modell an.

Im Zuge des Aufbaus des demokratischen Schul- und Bildungswesens wurden die DDR-Institute für Lehrerbildung aufgelöst. Die Lehrerausbildung ist in zwei Phasen aufgegliedert worden. Die erste Phase der Lehrerausbildung ist nun an Universitäten oder diesen gleichgestellten Hochschulen verlagert worden. Für die zweite Phase der Lehrerausbildung wurden 15 schulartbezogene Studienseminare gegründet und mit einer 24 Monate dauernden Ausbildung von Lehramtsanwärtern beauftragt. Da die Seminarlehrer selber Unterricht erteilen, ist die zweite Phase praxisorientiert.

Diese klare strukturelle Trennung der Lehrerausbildung in zwei Phasen mit eigenen Institutionen bewirkte zunächst auch einen gewissen Mangel der Kooperation zwischen beiden Phasen. Die neu eingerichteten Studienseminare, die bewußt mit Fachleuten aus der Schule und nicht mit Personen aus der Hochschule besetzt worden sind, hatten zuallererst ein eigenes Profil zu gewinnen und öffneten sich dabei nicht von vornherein und nicht ohne weiteres für den Einfluß der Hochschulen. Diese wiederum beschäftigten sich nur wenig mit unterrichtspraktischen Fragen, von denen man sie scheinbar entlastet hatte.

Das war ein unbefriedigender Zustand, weil er auf beiden Seiten Potentiale unausgeschöpft ließ. Das Thüringer Kultusministerium hat deshalb unterschiedliche Maßnahmen eingeleitet und durchgeführt, um Hochschulen einerseits und Schulen bzw. Studienseminare andererseits an einen (runden) Tisch zu bringen und um in regelmäßig stattfindenden Beratungen die Schule in Thüringen weiterzuentwikkeln. Unter anderem wollen wir die erste Phase mit ihrem wissenschaftlichen Bildungsauftrag und die zweite Phase, die die pädagogisch-praktische Ausbildung tragen soll, zusammenführen, und zwar mit dem Ziel der intensiven Kooperation. Wie könnte diese Kooperation konkret aussehen?

Eine Antwort heißt dreiphasiges Praktikum, das in einer gemeinsamen Arbeitsgruppe von Professoren der Hochschule und von Leitern der Studienseminare entwickelt worden ist. Dieses Praktikum, das systematisch in das Studium eingebaut ist, soll in gemeinsamer Verantwortung von Hochschule und Studienseminar in Blockveranstaltungen vor- und nachbereitet und natürlich auch begleitet werden. Damit ist ein Forum der Kooperation geschaffen. Der Vorteil dieser Maßnahme liegt für den Studierenden in einer frühen, intensiven Auseinandersetzung mit dem Rollenbild und dem Aufgabenspektrum des Lehrers. Der Studierende kann sich frühzeitig erproben und die Berufswahlentscheidung in der konkreten Situation evaluieren. Die frühe und gleichzeitig reflektierte Praxisbegegnung lenkt den Blick auf das Studium, aber auch auf wichtige Aspekte der späteren Handlungskompetenz und führt damit zu einer bewußten Auswahl aus den Angeboten der Universität.

Die in der Thüringer Schule in den letzten Jahren immer mehr zu beobachtende Öffnung wird auch Methoden und Formen des Lernens an der Hochschule entscheidend mit beeinflussen. So wie das Kind im Unterricht zum Subjekt seines Lernens wird, werden dies auch die Studierenden in den Vorlesungen und Übungen von Anfang an. Nicht Theoretisieren um der wissenschaftlichen Disziplin willen, sondern Theoretisieren von unterrichtlichen Situationen in ihrer ureigensten Komplexität auf wissenschaftlich fundierter Basis wird zum Inhalt und zur Methode der Ausbildung. Der Selbstfindungs- und Selbstbildungsprozeß, der für einen jungen Lehrer entscheidend ist, wird somit zielgerichtet unterstützt.

Mit Blick auf eine veränderte Kindheit und Jugendzeit und unter Berücksichtigung der damit an die Schule herangetragenen Anforderungen muß zeit- und kindgerechte Lehrerbildung sich auch neuen Aufgaben stellen. In diesem Zusammenhang muß natürlich auch hinterfragt werden, ob die Fachwissenschaften der einzelnen Fächer bei der Ausbildung von Lehrern die entscheidende Rolle spielen sollten oder ob nicht pädagogische, sonderpädagogische und sozialpädagogische Fragestellungen ebenbürtig an die Seite des vertieften Fachstudiums treten müßten. Wieviel Fachwissen braucht der Lehrer in einer Welt, in der Wissen eine immer kürzere Halbwertzeit hat? Die Frage, welche pädagogischen und fachwissenschaftlichen Ausbildungsinhalte an der Universität ausgewählt und wie diese gewichtet werden, wird uns weiterhin beschäftigen. Sie kennen alle die Diskussion über diese Frage und Sie wissen auch, wie schwierig es ist, zwischen den einzelnen Fachdisziplinen eine gemeinsame Antwort zu finden.

Es muß weiter die Frage erlaubt sein, ob es uns nicht gelingen kann, eine Lehrerausbildung so flexibel zu gestalten, daß auch bei mangelndem Bedarf die jungen und in der Regel hoch motivierten Lehramtsanwärter, diesen Titel tragen unsere jungen Lehrer während der zweijährigen Ausbildung, nicht arbeitslos werden, sondern eine adäquate Beschäftigung außerhalb der Schule finden. Um dieses Ziel zu erreichen, könnte an die Stelle des von Thüringen jetzt erprobten Praktikums, wie ich es soeben dargestellt habe, eine breitere (vor allem stärker pädagogisch orientierte) Ausbildung im Grundstudium treten. Nach dem Grundstudium könnte ein Praxissemester folgen, in dem der Wunsch, Lehrer zu werden, frühzeitig verifiziert wird; damit wäre bereits vor Beginn des Hauptstudiums eine Umorientierung möglich.

Das Hauptstudium müßte man schließlich so gestalten, daß die Laufbahn des Lehrers eingeschlagen werden kann, sie aber nicht unabdingbar angegangen werden muß. Damit könnte bereits für die zweite Phase der Lehrerbildung eine bedarfsgerechtere Einstellung erfolgen.

Aber mit solchen Überlegungen sind wir erst am Anfang. Wichtig ist, daß wir sie anstellen und uns nicht mit dem einmal Erreichten zufriedengeben.

Die veränderte gesellschaftliche Situation zwingt uns auch zu Überlegungen, wie die Leistungsfähigkeit von Schule und die sich neu stellenden Aufgaben durch Lehrer mit besonderen Befähigungen in Kongruenz gebracht werden können, ohne dabei dem einzelnen Lehrer immer mehr aufzubürden. Deshalb plant Thüringen, Lehrer in einem Studiengang zu professioneller sozialpädagogischer Kompetenz zu führen. Die in einem solchen Studium ausgebildeten Lehrer sollen vor Ort helfen, und zwar im Rahmen ihrer Möglichkeiten, Schulversagen, Schulabbruch und Schulverweigerung zu minimieren und die wichtige Querverbindung zur Jugend- und Sozialarbeit zu koordinieren.

Eine weitere Herausforderung an die erste Phase der Lehrerbildung stellt das zusammenwachsende Europa dar. Ein Europa der Regionen, wie wir es alle möchten, in kultureller und damit auch sprachlicher Vielfalt braucht sprachkompetente Lehrer, für die multikulturelles Lernen kein Fremdwort ist. Was also liegt näher, als künftige Lehrer im Studium mindestens ein Semester an einer anderen europäischen Universität (Stichwort: Partneruniversität) studieren zu lassen und die Anerkennung der dort erbrachten Studienleistungen nicht an Kleinstaaterei scheitern zu lassen.

Nachdem ich weiß, daß vor allem das gelernt wird, was auch geprüft wird, ließe sich dieses Unterfangen vielleicht am besten realisieren, wenn gleichzeitig festgelegt würde, daß Lehrer aller Fächer einen Prüfungsteil in einer europäischen Sprache ablegen müssen. Dies würde nicht nur bessere Sprachkompetenz und Sprachperformanz bringen, sondern auch tieferes Verständnis füreinander.

Das mag heute noch ein wenig visionär klingen; ohne die Visionen der europäischen Gründungsväter hätten wir jedoch den heutigen Zustand noch lange nicht erreicht. Visionen sind immer ein erster Schritt zur Verwirklichung der den Visionen zugrundeliegenden Ideen.

Die Zukunft der Lehrerbildung in der zweiten Phase setzt neben der engen Kooperation mit der ersten Phase in Lehre und Forschung zwei Schwerpunkte, die es noch zu vertiefen und auszubauen gilt.

Der erste Schwerpunkt ergibt sich aus der Forderung nach Öffnung von Schule und Unterricht. Ein geöffneter Unterricht und geschlossene Ausbildungspläne in der zweiten Phase wären ein Paradoxon. Lehramtsanwärter müssen die Chance haben, ihr Lernen selbst in die Hand zu nehmen, es zu gestalten und zu bestimmen, damit sie aus diesen Erfahrungen den Mut nehmen, ihren Schülern Gleiches zuzutrauen. Sie sollten nicht Objekt von Ausbildern sein. Deshalb verzichtet Thüringen auch auf die Herausgabe von Ausbildungsplänen und setzt Vertrauen in die Ausbilder und Auszubildenden gleichermaßen. Wir vertrauen darauf, daß die Seminarlehrer und -leiter die Bausteine erarbeiten und wählen, die notwendig sind, um den zukünftigen Lehrer mit den Kompetenzen auszustatten, die er braucht, um den Unterricht weit ins 21. Jahrhundert hinein zu bewältigen. Die Ausbildungsinhalte können sich nicht länger allein aus der Systematik von Fachwissenschaften herleiten, sondern sie erwachsen auch und vor allem aus der Analyse der vorgefundenen Situation, in die junge Menschen gestellt werden, und aus der gemeinsamen Reflexion über den Unterricht für eine sich ständig wandelnde Schülerschaft. Im Sinne eines individuellen Zuschnitts von Ausbildung entwickelt jeder Lehramtsanwärter aus den Angeboten und seinen Erfahrungen seinen Ausbildungsplan. Das Ziel ist zwar bekannt, aber die Wege entstehen erst beim Gehen (vgl. den Begriffsinhalt von ‚erfahren').

Der andere Schwerpunkt, den die zweite Phase setzt, steht in engem Zusammenhang mit dem Stichwort ‚Vernetztes Denken'. Voraussetzung für vernetztes Denken ist ein profundes Fachwissen. Daher wird man weiter – sowohl im Studium als auch an der Schule – großen Wert auch auf die Vermittlung von Fachwissen legen. Ungeachtet dessen erprobt Thüringen derzeit Modelle, wie in der Ausbildung fächerverbindendes und fachübergreifendes Unterrichten befördert werden kann. Nachdem die Lehramtsanwärter vor allem in der Unterrichtspraxis, also an Schulen ausgebildet werden, können Sie sich vorstellen, daß fächerverbindendes und fachübergreifendes Arbeiten nur gelingen kann, wenn gleichzeitig die Lehrer unserer Ausbildungsschulen in diesen Befähigungsprozeß integriert werden. Auf diese Weise kann die Zweite Phase der Lehrerausbildung zu einem entscheidenden Motor für Schulentwicklung werden.

Ausbildungsschulen müssen zusammen mit Ausbildern Zukunft vorwegnehmen und diese teilweise schon zur Gegenwart werden lassen. Ausbildungsschulen werden damit Leuchttürme für andere Schulen. Da unsere Ausbildungsschulen im Gegensatz zu Hochschulen über das ganze Land verteilt sind, liegt hier der entscheidende Vorteil der zweiten Phase. Diese zweite Phase ist somit auch in Zeiten eines geringeren Lehrerbedarfs, wie zur Zeit in Thüringen der Fall, unverzichtbar. Thüringen bekennt sich bewußt zur zweiphasigen Lehrerausbildung; zumal wir auf dem Weg sind, die Nachteile der institutionellen Trennung durch verschiedene Maßnahmen aufzuheben. Die Vorteile, die aus der bewußten Integration entstehen, sind für die Schulentwicklung unübersehbar.

Wenn Lehrerbildung durch lebenslanges Lernen gekennzeichnet ist, gilt es auch hierfür die Voraussetzungen zu schaffen. Als logische Ableitung des oben Gesagten ergibt sich damit für die sogenannte dritte Phase – die Lehrerfortbildung – die Forderung, von einer ausschließlich zentralistisch und durch Vorgaben gesteuerten Fortbildung abzurücken. Fortbildung als Weiterentwicklung zu einem Unterstützungssystem für Schulen ist gefragt. Fortbildung muß Schulen als lernende Systeme ernst nehmen. Thüringer Wege zu diesem Ziel sind das Netz der Fachberater, die Stärkung der regionalen Fortbildung und vor allem die schulhausinterne Fortbildung. Die schulinterne Fortbildung geschieht in eigener Verantwortung der Schule, wobei die Verantwortung bis zur Selbstverwaltung der hierfür zugewiesenen Mittel reicht.

Mit den hier aufgezeigten Wegen, den geplanten Vorhaben und den sicherlich auch etwas ungewöhnlichen Visionen in allen drei Phasen befindet sich Thüringen im Einklang mit den Forderungen führender Pädagogen wie Hermann Nohl, Erich Weniger und Peter Petersen, um nur drei Namen zu nennen.

Schulreform ist nicht allein durch Vorschriften, Erlasse und Pläne zu befördern, sondern auch und vor allem durch eine veränderte Lehrerbildung. Dabei wissen wir, daß wir in einigen Fällen bis jetzt nur das Ziel beschreiben können und die Wege erst noch finden müssen.

Es wäre schön, wenn Ungarn und Thüringen dabei gemeinsame Wegstrecken zurücklegen und einander begleiten könnten. Wir bringen unsere Erfahrungen gerne ein und sind für Kooperationen offen.

Einige grundlegende Fragen der Modernisierung des ungarischen Hochschulwesens

Lászlo Dinya

1. *Die Herausforderungen des ungarischen Hochschulwesens*

Die gesteuerten und spontanen Wandlungen im ungarischen Hochschulwesen kann man nur verstehen, wenn sie in gesellschaftlich-wirtschaftlichen Zusammenhängen analysiert werden. Ein jeder Versuch, der die Veränderungen auf wirkliche oder vermutete, aber ausschließlich innere (innerhalb des Hochschulwesens definierte) Ursachen zurückführen will, ist zum Scheitern verurteilt.

Die Frage ist: Welchen Weg geht das Hochschulwesen? Oder näher definiert: Welchen Weg muß es unter Berücksichtigung der Probleme gehen?

Die wichtigsten spürbaren Probleme sind die folgenden:

Ein kurzfristiges Problem ist die Staatshaushaltsreform. Da sich die Rolle des Staatsetats in kurzer Zeit wesentlich verändert hat (bei den Unterstützungen werden die Gesichtspunkte der Effektivität bevorzugt; es ist mit einer kleineren, staatlich zentralisierten Finanzierung zu rechnen usw.), gelangt das Hochschulwesen in eine ganz neue, von der früheren wesentlich abweichende Situation, ohne Berücksichtigung dessen, was das Hochschulwesen möchte. Die Institutionen werden auf einer neuen Basis finanziert, das soziale System der Studierenden wird neu strukturiert (leistungsbestimmte Finanzierungen auf mehrere Arten, Stipendien – soziale Unterstützung – und das Studiengeld müssen selektiert werden, und das ganze System muß Kompensationsmöglichkeiten beinhalten). All das impliziert neue Aufgaben für die Institutionsleitung, in der prononciert z.B. im Gegensatz zur staatlichen Leitung die persönliche Haftung im Sinne eines Unternehmermanagements ausgebaut werden soll. Die institutionelle Autonomie muß nach der fachlichen Autonomie der Institutionen neu definiert werden, mit der Garantie einer kontrollierbaren Verwendung der Gemeingelder. Da sich das Hochschulwesen von seiner Systemhaftigkeit her nur schwer und langsam ändert, muß dieses kurzfristige Problem und seine klaren Folgen schon frühzeitig denjenigen bewußt gemacht werden, die für das Management und die Leitung der Institutionen zuständig sind. Das Wesen der Veränderung besteht darin, daß innerhalb kurzer Zeit die Staatshaushaltsreform umgesetzt wird und jene Institutionen, die sich in ihrer Struktur auf diese Wandlung nicht so vorbereiten, daß sie ihre strukturellen und operativen Schwächen beseitigen, können sehr schnell an die Schwelle der Funktionsunfähigkeit geraten.

Das langfristige Problem ist die Verwirklichung der Direktiven des Parlamentsbeschlusses über die Entwicklungsaufgaben des Hochschulwesens. Die 15 im Jahre 1995 verabschiedeten Direktiven legen die Aufgaben fest, wie das ungarische Hochschulwesen in Europa zu integrieren ist. Die Mehrheit dieser Aufgaben ist natürlich nur langfristig realisierbar. Manche Experten betonen – wohl mit Recht –, daß unsere Ergebnisse schon auf europäischem Niveau stehen, und daher die Modernisierung nur eine scheinbare Aufgabe ist. Das stimmt auch, aber wir erzielen diese Ergebnisse mit osteuropäischen Methoden (Institutionsmanagement), und diese können nicht mehr aufrechterhalten werden. Die Anzahl der Studierenden muß erhöht werden, neue Bildungsformen müssen eingeführt, die Stundenzahl reduziert, Oualitätsgarantien in den Institutionen ausgebaut, ein entsprechendes Lohnsystem muß eingeführt werden All dies sind Aufgaben (auch im Zusammenhang miteinander), die auch nach Anfangserfolgen erst nach längerer Zeit zu den erwünschten Ergebnissen führen können. Für rechtliche Regelungen ist natürlich die Regierung zuständig, gleichwohl gibt es schon unter den gegenwärtigen Bedingungen einen breiten Raum für Initiativen seitens der Institutionen selbst (Mikroebene). Alles in allem, wenn man die langfristigen Probleme rechtzeitig erkennt, kann man heute schon mit der Ausarbeitung der Strategien auf Institutionsebene beginnen, denn ohne diese kann man ein durchdachtes Management kaum erstellen.

Als ein ständiges Problem sind die sich fortwährend wandelnden (aber nicht unberechenbaren) Herausforderungen des Arbeitsmarktes zu betrachten. Die heutige Aufnahmepolitik der Hochschulinstitutionen in Ungarn (Ehre den Ausnahmen) beachtet diesen Arbeitsmarkt kaum. Es ist evident, daß sich die gesellschaftlichen Erwartungen an das Hochschulwesen hinsichtlich der input-Seite erhöhen (wegen der demographischen Welle, der Ängste vor der Arbeitslosigkeit, des steigenden Prestiges des Wissens an sich), infolge dessen sich die Anzahl der Studierenden in den Jahren 1990 -1997 um 50 % erhöhte. Die Verteilung dieser Anzahl unter den Institutionen hat sich aber in den letzten 20 -30 Jahren kaum geändert. Die Einschulungspolitik ist im großen und ganzen die gleiche, die zunehmende Anzahl ist ausschließlich extensiv (die Struktur ändert sich wenig). Deswegen, und auch von der Inflation bewirkt, werden immer mehr Studierende mit immer mehr Kosten ausgebildet, die nach dem Grundstudium selbst investieren müssen, um in weiteren Studiengängen zusätzliche Qualifikationen zu erwerben, mit denen sie einen Arbeitsplatz finden. Man muß sich bewußt machen, daß heute in den Hochschulinstitutionen ein neuer Studiengang oder Zweig in vielen Fällen wegen alter, interner Konflikte nicht oder nur sehr schwer eingeführt werden kann. Noch schwerer (manchmal unmöglich) ist es zu erreichen, daß Institutionen aufhören, ein altes Programm umzusetzen.

Aufgrund von Arbeitsmarkttendenzen wird jedoch ab 1997 – mit der Einführung der normativen Finanzierung parallel als deren unentbehrlicher Teil – die Aufnahmepolitik (was die staatlich finanzierte Studentenanzahl anbelangt) neu geregelt. Eine Institution z.B., die sich auf einem ziemlich engen Gebiet mit wenig bevorzugten Fachbereichen und Studiengängen profiliert hat, kann sich schwer erlauben, die limitierten Aufnahmequoten nicht zu berücksichtigen, denn infolge der normativen Finanzierung kann sie in Unannehmlichkeiten geraten.

Darüber hinaus gibt es noch viele andere Probleme, wie z.B. die kommende negative demographische Welle, die sich immer wandelnde Wirtschaft, Ungarns Integration in die EU und als deren Folge die Eröffnung des europäischen Arbeitsmarktes, oder eben die Verlockung, das sogenannte „brain-drain" der talentierten Lehrkräfte; d.h. also Tendenzen, die das Hochschulwesen einfach nicht außer acht lassen darf.

2. Die Grundprinzipien der Modernisierung des Hochschulwesens

Die Modernisierung des Hochschulwesens ist keine Kampagne, sie ist eine ständige, langfristige Aufgabe (ein Prozeß) mit folgenden Grundprinzipien:

Das Hochschulwesen befindet sich in einer kontinuierlichen Wechselwirkung mit der Gesellschaft und der Wirtschaft. Es muß die neuen Bedürfnisse des Wandels nicht nur wahrnehmen, sondern es hat sie zu entdecken, auf sie zu reagieren, sie zu gestalten und zu motivieren.

Die größten Herausforderungen für das Hochschulwesen sind zur Zeit die folgenden:

- sich den langfristig prognostierbaren Ansprüchen des Arbeitsmarktes anzupassen (Einschulung aufgrund des outputs, neue Bildungsprogramme),
- eine in entwickelten Ländern übliche Immatrikulationsquote (23-30% der Altersgruppe 18-24) zu erreichen,
- die heute weltweit anerkannten Positionen (theoretischer Unterricht, berühmte geistige Werkstätte) aufrechtzuerhalten,
- die negativen Tendenzen (das Problem des Lehrernachwuchses, der Gegenselektion, des praxisbezogenen Unterrichts) aufzuhalten,
- die Gegentendenzen der Modernisierung (die Institutionsstruktur, das Institutions- und Wirtschaftsmanagement, das Niveau der Infrastruktur) zu beseitigen und
- all das parallel mit der Verwirklichung der Staatshaushaltsreform, teils selbständig, teils eng damit verbunden zu lösen.

Die Reaktion auf die Herausforderungen bedarf einer komplizierten, aufeinander abgestimmten, langfristigen Maßnahmenreihe, deren kurzfristige Teilaufgaben die folgenden sind:

- die Modifizierung des Hochschulgesetzes
- die Institutionsintegrationen
- die Einführung der normativen Finanzierung
- die Korrektur des Systems der sozialen Unterstützungen der Studierenden.

Die langfristigen Aufgaben werden in den Direktiven des Parlamentsbeschlusses über die Entwicklung des Hochschulwesens festgelegt.

3. Die Modifizierung des Hochschulgesetzes

Den juristischen Rahmen für die kurz- und langfristigen Aufgaben im Rahmen der Modernisierung des Hochschulwesens bildet die Modifizierung des Hochschulgesetzes von 1993. Die Modifizierung des Gesetzes betrifft die folgenden wichtigen Bereiche:

– die Umgestaltung der institutionellen Struktur (die Definiton der Universitäts- bzw. der Hochschulintegration, Hochschulen mit mehrerer Fakultäten),
– eine neue Bildungsstruktur (post-secondary-Bildung, das Kreditsystem, Akkreditierungen, das Aufnahmesystem, der Anschluß an das output des Unterrichtssystems mittleren Grades, die Universitätsbildung auf zwei Ebenen, eine einheitliche Lehrerausbildung),
– die Neubestimmung der Rolle des Staates im Hochschulwesen (die Bestimmung der Rollen für das Kultusministerium, den Wissenschaftlichen Rat für Hochschulwesen, das Ungarische Akkreditierungskomitee, der Mechanismus der Interessenabstimmung),
– die institutionelle Funktion, der selbständige Haushalt, die juristischen und organisatorischen Fragen der Autonomie.

Die Ergebnisse in diesen Bereichen können Lösungen für Probleme sein, wie z.B. die juristischen Unklarheiten der Integrationen. Sie ermöglichen die Verwirklichung der Direktiven des Parlamentsentschlusses, und ein Ergebnis ist der Finanzierungsrat als Körperschaft, der die Entscheidungen des Wissenschaftsrates für Hochschulwesen vorbereitet.

4. Die Institutionsintegrationen

Die Umgruppierung der geringen Mittel und ihre wirksamste Anwendung muß der harmonischen Entwicklung der Elemente im System dienen:

– die Entwicklung des Niveaus und des Inhalts im Hochschulwesen kann am wirksamsten durch die Integration der Institutionen gelöst werden,
– die erwünschte Zunahme der Anzahl der Studierenden kann durch die bessere Ausschöpfung der Kapazitäten in den integrierten Institutionen verwirklicht werden.

Voraussetzung für all diese Maßnahmen ist vor allem die selbständige Wahrnehmung der Aufgaben durch die Institutionen selbst, durch die Regierung und durch die fachlichen Körperschaften.

Die oben genannten Faktoren brauchen eine zusätzliche Finanzierung, auch wenn sie ihre letzten inneren Reserven mobilisieren, die infolge der Integration, durch die strukturelle Befreiung der momentan beanspruchten Quellen, zur Verfügung gestellt werden können. Diese Art der Finanzierung kann durch neue langfristige Weltbankkredite, kombiniert mit dem Beitrag von dem Etat zustandekommen, diese dienen aber ausdrücklich den Zielsetzungen der Integration.

Die Integrationen können also - in der gegenwärtigen Phase der Umwandlung des Hochschulwesens - als motivierende Kraft betrachtet werden.

Die möglichen Formen der Integration:

- lockere Vereinigungen ohne Hochschulstatus. Dieses System existiert schon (damit wollen wir uns jedoch nicht beschäftigen),
- Universitäts (Hochschul-) bündnisse, die in der Gesetzesmodifizierung definiert werden und
- integrierte Universitäten mit mehreren Fakultäten, deren Status im Gesetz geregelt ist.

5. Die normative Finanzierung

Die normative Finanzierung der Hochschulinstitutionen auf Basis der Studentenzahlen hat 1996/97 begonnen.

Damit ist eng verbunden:

- die Bestimmung der Aufnahmequote in den Fachbereichen aufgrund von Arbeitsmarktanalysen (das erste Mal für das Aufnahmeverfahren 1997 gültig)
- die Verteilung der immatrikulierten Studenten aufgrund bestimmter Prioritäten (wie z.B. die der integrierten Hochschulinstitutionen).

Zugleich muß eine Datenbank zu den Arbeitsmarktangaben erstellt und deren Nutzung sowie Instandhaltung erarbeitet werden. Das gleiche bezieht sich auf die Angaben der Instandhaltung der Institutionsgebäude, die die normative Finanzierung in diesem Bereich ermöglichen könnte.

6. In Harmonie mit der Staatshaushaltsreform

Im Bezug auf die Erfahrungen und Informationen über die gegenwärtige Phase der Staatshaushaltsreform kann festgestellt werden, daß die Direktiven und die geplanten Maßnahmen zur Umwandlung des Hochschulwesens mit dem Geist der Staatshaushaltsreform hinsichtlich des Hochschulwesens im völligen Einklang stehen. Dies ist insofern hervorhebenswert, da das Hochschulwesen meist nach fachlichen Entscheidungen und in langen Diskussionen zu diesen Konsequenzen kam.

Bei den Bestrebungen nach Modernisierung wird die Effektivität als Mittel und nicht als Ziel betrachtet. Die Prioritäten der Modernisierung sind die folgenden:

(a) Es ist festzulegen, über welche Struktur und Funktionsregeln das Hochschulwesen verfügen muß, um Europa ‚beitreten' zu können.
(b) Im Zentrum der gesetzten Ziele muß der Gedanke der Effektivität stehen.

In einer entgegengesetzten Reihenfolge kann die Effektivtät zum Selbstziel werden und losgelöst von den wünschenswerten Ergebnissen in eine Sackgasse führen.

Zu Fragen der Entwicklung der Aus- und Weiterbildung von Pädagogen in Ungarn

Katalin Rádli

In Ungarn vollzogen sich in den letzten Jahren tiefgreifende Veränderungen. Nach den Jahrzehnten der Planwirtschaft und des Einparteiensystems haben sich in kurzer Zeit Institutionen der Demokratie entwickelt, und auch im Ausbau der Marktwirtschaft gibt es einen gravierenden Fortschritt.

Eine der wichtigsten Bedingungen für eine konkurrenzfähige Wirtschaft und eine starke Demokratie ist ein hochentwickeltes und modernes Schulwesen.

In der Verstärkung der Konkurrenzfähigkeit spielen die humanen Quellen – die Flexibilität und die Ausbildung der Arbeitskraft – die sich der Marktwirtschaft anpassen können, eine entscheidende Rolle.

Die allmähliche Umwandlung des Schulwesens in Ungarn begann Anfang der 80er Jahre. Da erschienen und verbreiteten sich die neuen pädagogischen Alternativkonzepte, da begann die allmähliche Dezentralisierung der Führung des Schulwesens, die einem immer stärkeren Verlangen nach pädagogischer und schulischer Autonomie folgte, und die schon im Schulgesetz von 1985 fixiert worden war.

Nach der ‚Wende' wurden mit der Verabschiedung des Schulgesetzes, des Hochschulgesetzes und des Fachbildungsgesetzes vom Jahre 1993 demokratische Grundlagen geschaffen. 1995 wurde der Nationale Grundlehrplan (NGL), der der Erneuerung der Arbeit im Schulwesen, d.h. der inhaltlichen Arbeit der Schulen selbst dient, verabschiedet. Der NGL bestimmt die Unterrichts- und Erziehungsarbeit in den Klassen 1-10 dahingehend, daß er die obligatorischen und gemeinsamen Anforderungen, auf Kulturbereiche aufgeteilt, für das Ende des sechsten, achten und zehnten Schuljahres definiert.

Heute spiegeln sich die Veränderungen in der Institution Schule z.B. auch darin wider, daß die bisherige Grundstruktur (8+4 Schuljahre) von einer pädagogischen Zyklenstruktur (6+4+2 Schuljahre) abgelöst wird. Das Modell der zentralen Lehrpläne wird durch ein mehrstufiges Modell der Grund- und der lokalen Lehrpläne ersetzt.

In den vorangegangenen Jahren hat die Rolle der örtlichen Verwaltungen als Träger der Institutionen stark zugenommen, zugleich ist aber die Zahl der nichtstaatlichen, z.B. kirchlichen Schulen, im Schulwesen angewachsen.

Die Neugestaltung des ungarischen Schulwesens wird grundlegend durch zwei Dimensionen determiniert: es gibt einerseits einen qualitativen Aspekt, nämlich die oben schon genannte inhaltliche Neuregelung, die neuen Richtlinien, die dem NGL zu verdanken sind, und schließlich auch das neue Prüfungsmodell; andererseits einen quantitativen Aspekt: die perspektivische Erweiterung der Schulpflicht bis 16 Jahre, später bis 18 Jahre, und die Bestrebungen der Regierung, die Quote der fachlich Ausgebildeten für den Arbeitsmarkt zu erhöhen.

1. Seit den 70er Jahren ist die pädagogische Ausbildung innerhalb des Hochschulwesens ein determinierender Faktor für die Effektivität des Schulwesens

Die pädagogische Ausbildung erfüllt nicht nur die wesentlichen neuen Bedürfnisse des öffentlichen Unterrichts, sondern wirkt darauf auch zurück, erhöht dessen Niveau, gestaltet dessen Inhalt, Methoden und organisatorische Strukturen.

Gleichzeitig soll aber bei der inhaltlichen Modernisierung der Ausbildung, bei der Erweiterung der Fachrichtungen, die neue Mentalität, – die anstelle der Fächer größere, im NGL definierte Kulturbereiche berücksichtigt,- nicht außer acht gelassen werden. Sie muß den Lehrkräften die Möglichkeit bieten, ihr Wissen selbständig und regelmäßig in organisierter Form weiterzuentwickeln. Im weitesten Sinne muß diese Weiterbildung im Interesse der erfolgreichen Kulturvermittlung die allgemeine Bildung der Lehrer vertiefen.

Sie muß aber auch Garantien dafür finden, daß die persönliche Entwicklung der Lehrerkandidaten, ihre Methodenkenntnis und deren Anwendung einen organischen Teil der Ausbildung bilden. Die neuen Strukturen des Schulwesens verlangen auch, daß die Ausbildung nicht nur aus der Vorbereitung auf die Erziehung und Bildung einer bestimmten Altersgruppe besteht, sondern daß sie die angehenden Lehrer auf den Umgang mit Generationsproblemen im psychologischen Sinne vorbereitet.

Die Tatsache, daß die pädagogische Ausbildung zum Hochschulwesen gehört, verursacht eigenartige Wechselwirkungen. Die institutionelle Autonomie ermöglicht eine flexible Anpassung an die Realität, motiviert zugleich aber auch die Institution, sich mit den durch das Anerkennen der Fachausbildung entstandenen Anforderungen auseinanderzusetzen. Diese Wechselwirkung ist auch deshalb wichtig, weil sie von den Lehrkräften des Hochschulwesens wissenschaftliche Forschung verlangt, die die Grundlage darstellt für die Entwicklung von Verantwortlichkeit gegenüber dem sich entwickelndem menschlichen Leben sowie gegenüber direkter Anwendung der Forschungsergebnisse in Unterricht und Erziehung.

In der pädagogischen Ausbildung stellt die Forschung einen Teil der wissenschaftlichen Arbeit dar, die der inhaltlichen Modernisierung des Schulwesens, der Entwicklung der pädagogische Ausbildung und der Lehrerfortbildung dient. Zugleich aber gibt es keinen klaren Platz für die angewandte Forschung, für Fachpädagogien im System der Disziplinen. Sogar an den Universitäten wird sehr wenig Forschung und Weiterbildung (PhD) in diesen Bereichen betrieben.

2. Die pädagogische Aus- und Weiterbildung hat in der Umwandlungsphase des Schulwesens die Aufgabe, die jeweiligen personalen Bedingungen im Unterricht zu sichern

Die Schule der Zukunft benötigt Lehrkräfte, die sowohl im inhaltlichen als auch im methodologischen Sinne über eine größere Freiheit verfügen und imstande sind, Lehrpläne ständig zu erneuern und moderne Unterrichts- und Erziehungsmethoden anzuwenden.

Früher herrschte in der pädagogischen Ausbildung ein zentralisiertes System in Form des Prinzips ‚Leistung auf Bestellung', in dem auf Änderungen im öffentlichen Schulwesen von seiten des Hochschulwesens immer verspätet reagiert wurde.

Die beschleunigten gesellschaftlichen und wirtschaftlichen Veränderungen und die in diesem Kontext verabschiedeten Schulgesetze verlangen aber eine größere Flexibilität sowohl im Schulwesen als auch in der pädagogischen Ausbildung.

Jetzt herrscht eine komplexe Praxis im Schulwesen, die einerseits auf die nicht mehr existierende monolithe Schulstruktur, andererseits auf die erweiterten Tätigkeitsbereiche der Lehrer (lokale Lehrpläne, neue Programme, Auswahl der Lehrmittel aus einem vielfältigen Markt, neue Unterrichtsziele infolge des NLG, hierarchische Kenntnisse, Fähigkeiten und Fertigkeiten) zurückzuführen ist. Deswegen scheint es jetzt unmöglich zu sein, vorauszusagen, welcher Weg sich bewährt, welcher als Ausgangspunkt für die Zukunft dienen kann.

Zuverlässig kann man im Schulwesen nur Trends prognostizieren, die später Ansatzpunkte für die Entwicklung der pädagogischen Ausbildung sein können.

3. Diese Aufgabe kann aber nur erfüllt werden, wenn Grundausbildung und Lehrerweiterbildung eine Einheit bilden

In der Grundausbildung müssen die Lehrerkandidaten in einer weitreichenden allgemeinen fachlichen und pädagogischen Ausbildung auf ihre spätere Rolle sowohl moralisch als auch kulturell und psychologisch vorbereitet werden, d.h. neben der Erteilung des Fachunterrichts müssen sie in der Lage sein, sich um die Familien der Kinder zu kümmern, mit Kinderschutzinstitutionen Kontakt zu halten, sich an Entscheidungen, die Berufswahl der Jugendlichen betreffend, zu beteiligen usw.

Eine neue Herausforderung, auf die auch die pädagogischen Ausbildungseinrichtungen schnell zu reagieren haben, stellt die Qualifizierung der Lehrerfortbildung dar. Es ist die Lehrerfortbildung von heute, die den Lehrern Hilfe leisten soll, sich den tagtäglichen Anforderungen des Schulwesens, der Unterrichtsverwaltung anzupassen, marktorientierte Dienstleistungen anzubieten, d.h. sich täglich zu erneuern. Hinsichtlich der internationalen Entwicklung ist es als primäre Aufgabe zu interpretieren, ein einheitliches, aufeinander aufgebautes, geschlossenes System in der Aus- und Fortbildung der Lehrer zu schaffen.

In der letzten Zeit, da sich die pädagogische Laufbahn wesentlich verändert hat, die gesellschaftliche Rolle der Lehrer angehoben, und ihre Tätigkeit erweitert worden ist, haben die qualitativen Anforderungen in der pädagogischen Ausbildung Priorität bekommen. Um diese Ziele zu verwirklichen, ist – wie in zahlreichen anderen Ländern auch - in erster Linie die Erhöhung des Ausbildungsniveaus und die Verlängerung der Studienzeit betont worden.

Im ungarischen Hochschulwesen erfolgt die pädagogische Ausbildung auf zwei Ebenen: auf Universitäts- und auf Hochschulebene.

Die Ausbildung der Unterstufenlehrer, der Kindergartenerzieher und der Heilpädagogen erfolgt auf Hochschulebene, der größere Teil der Lehrerausbildung erfolgt auf Universitätsebene, gleichwohl gibt es aber auch parallele Ausbildungsformen, d.h. sowohl auf Universitätsebene als auch auf Hochschulebene für diese Ausbildungsbereiche.

1959 sind in Ungarn – als einem der ersten Länder in Europa – Lehranstalten höheren Grades für Unterstufenlehrer und Kindergartenerzieher eröffnet worden. Diese Ausbildungsform bildete einen Teil des Hochschulwesens, sie war sozusagen die unterste Stufe im System. Seit 1974 werden die Unterstufenlehrer und seit 1985 die Kindergartenerzieher an Hochschulen ausgebildet.

Die Verlängerung der Schulpflicht, die Veränderungen der Schulstruktur, die Integration der Schulfächer haben zu einer Erweiterung der Lehrerkompetenz geführt. Dies und die Verlängerung des Praktikums innerhalb der Ausbildung haben dazu beigetragen, daß die Studienzeit auf 4 Jahre angestiegen ist. Seit 1995 werden die Lehrerkandidaten in der Unterstufe in allen Kulturbereichen und zusätzlich für die Klassenstufen 5 und 6 in mindestens einem Kulturbereich während des Studiums vorbereitet.

Die Ausbildung für die Kindergartenerzieher dauert 3 Jahre. In beiden Ausbildungen wird die Grundausbildung durch die Einheit der unterschiedlichen Teilbereiche, Wissenskreise und Lehrfächer bestimmt. In beiden Professionen ist es aber charakteristisch, daß die Ausbildung mit all den inhaltlichen Kenntnissen der einzelnen Disziplinen die Gesamtheit der kindlichen Persönlichkeit berücksichtigt und die Vorbereitung auf die Entwicklungs- und Erziehungsaufgaben als Hauptaufgabe betrachtet.

Im Rahmen der Weiterentwicklung der Ausbildung der Unterstufenlehrer und der Kindergartenerzieher sind die Ausbildungspläne und Lehrfachprogramme untereinander weiter abzustimmen, in erster Linie dadurch, daß die inhaltliche Kooperation in der psychologischen und der pädagogischen Bildung weiter verstärkt wird – in Einrichtungen, in denen sowohl Unterstufenlehrer als auch Kindergartenerzieher ausgebildet werden, auch dadurch, daß manche Fächer gemeinsam unterrichtet werden. Die vollständige Integration ist jedoch kein Ziel, da es um unterschiedliche Professionen geht.

Eine weitere Aufgabe bei der Verbesserung des Ausbildungsniveaus ist der Übergang der Lehrerausbildung auf Universitätsebene. Diese Notwendigkeit hat sich bereits schon Anfang der 80er Jahre gezeigt, aber 1993 ist unter Berücksichtigung internationaler Praxis die Notwendigkeit der einheitlichen Ausbildung der Lehrer, ungeachtet der Unterrichtsstufe und des Schultyps, erneut in den Vordergrund getreten.

Die Lehrerausbildung erfolgt zur Zeit sowohl an Universitäten als auch an Hochschulen.

Es ist sowohl für die Unterstufenlehrer- und Kindergartenerzieherausbildung als auch für die Lehrerausbildung charakteristisch, daß die Zahl der Hochschulen im Vergleich zur Größe des Landes verhältnismäßig hoch ist. Bei deren Gründung und während ihrer späteren Tätigkeit haben aber immer die Infrastruktur, die geographische Lage des Landes und die gesellschaftlichen Bedürfnisse der Region eine wichtige Rolle gespielt.

An den sogenannten klassischen Pädagogischen Hochschulen zeigte sich am Ende der 80er Jahre eine neue Tendenz: Profile wurden erweitert und neue Fachrichtungen eingeführt. Die Hauptfrage existiert aber noch immer: Wie kann man das Problem der Bildungsebene lösen, d.h. wie kann die pädagogische Ausbildung von der Hochschul- auf eine Universitätsebene umgestellt werden, und zwar so, daß die alten Werte bewahrt werden?

Laut Hochschulgesetz ist es in Fachrichtungen, die über die notwendigen Voraussetzungen verfügen und ein erfolgreiches Akkreditierungsverfahren absolviert haben, schon jetzt möglich, mit der Ausbildung auf Universitätsebene zu beginnen.

Es gibt viele Akkreditierungsbewerbungen, das Verfahren ist aber wegen unterschiedlicher Interessen oft langsam und schwerfällig.

Im Frühjahr 1998 hat die Regierung ein Edikt über die einheitlichen psychologischen, pädagogischen und fachmethodologischen Anforderungen in der Lehrerausbildung, sowohl auf Hochschul- als auch auf Universitätsebene, verabschiedet.

Seitdem die Absicht besteht, die pädagogische Ausbildung auf Universitätsebene anzuheben, ist es evident, daß deren Realisierung an Pädagogischen Hochschulen einer Erhöhung des Niveaus der fachmethodologischen Ausbildung bedarf, die zur Zeit 65-70% des ganzen Lehrplans ausmacht.

Der Zeitrahmen der psychologischen, pädagogischen und praktischen Bildung ist nämlich an den Pädagogischen Hochschulen wesentlich höher als an Universitäten. Erfahrungsgemäß steht aber die Effektivität dieser Ausbildung der an den Universitäten nicht nach.

In diesem Zusammenhang ist auch das Modell der Lehrerausbildung zu erwähnen. Nach einer jahrelangen Dominanz des sogenannten ‚konkurrenten Modells', in dem die fachliche Ausbildung und die pädagogische, psychologische, fachmethodologische nebeneinander erfolgten, ist das sogenannte ,konsekutive Modell' entwickelt worden, in dem die theoretische, praktisch-pädagogische und psychologische Ausbildung der fachlichen Ausbildung zeitlich folgt.

Von den unterschiedlichen Modellen wird in Zukunft keines die ausschließlich dominierende Rolle spielen. Jedoch scheint unseres Erachtens das konkurrente Modell, in dem die Anforderungen der Lehrerausbildung mit den Anforderungen der Fachausbildung parallel realisierbar sind, die Sozialisierung der Lehrerkandidaten besser zu unterstützen.

Natürlich muß man hinzufügen, daß die nicht qualifizierten Lehrer auch eine Möglichkeit bekommen müssen, das Lehrerdiplom zu erwerben.

Es ist anzunehmen, daß in naher Zukunft die Entwicklung der pädagogischen Ausbildung auch durch die steigende Rate der Arbeitslosigkeit der Pädagogen beeinflußt wird. Im Unterricht sinkt die wöchentliche Stundenzahl infolge der neuen Regelung um 12 %, die Unterrichtsstunden der Lehrer in der Woche nimmt aber um 10% zu. Die demographischen Angaben zeigen zugleich eine allmähliche Verminderung der Schülerzahl; die Zahlen der Klassen bzw. der Schülergruppen und die Anzahl der Studenten an den Lehrerbildungsanstalten nimmt aber zu. (1987: 24 tausend, 1994: 38 tausend)

Daraus folgt, daß die zuständigen örtlichen Verwaltungen schon jetzt 20-30% der Lehrer entlassen. Das Ausmaß der Arbeitslosigkeit unter den Pädagogen ist jetzt noch schwer vorherzusehen, es ist aber zu erwarten, daß die jungen Pädagogen, die ihre Karriere erst beginnen, am schwersten betroffen sein werden.

Das Rentenalter wird erhöht, Spannungen am Arbeitsmarkt führten einerseits zur Rechtsregelung der Fachprüfung, die innerhalb von 10 Jahren bestanden werden soll, andererseits zur Einführung der Pflichtteilnahme an Weiterbildungen innerhalb eines 7-Jahreturnusses.

4. Das Thema des Institutionssystems der pädagogischen Ausbildung ist in engster Beziehung mit der Entwicklung des Hochschulnetzes zu sehen

Es ist eine bekannte Tatsache, daß das Netz des ungarischen Hochschulsystems ziemlich zerstückelt ist, was sowohl den Unterricht als auch die Forschung sowie die ökonomische Verwaltung der Institutionen negativ beeinflußt.

Im Jahr 1996/97 sind an 47 Institutionen Pädagogen ausgebildet worden. Deswegen hat das modifizierte Hochschulgesetz über die Rationalisierung des Institutionsnetzes in der pädagogischen Ausbildung für die Integration von Hochschulinstitutionen entschieden.

Der Nationale Grundlehrplan definiert die Inhalte und Anforderungen im Rahmen von Kulturbereichen und deren Teilgebieten und nicht von Fachlehrstoffen. Dieses System bietet den Schulen die Möglichkeit, ihre Lehrmaterialien selbständig zu gestalten und zu strukturieren. Deshalb muß das fachlich determinierte System der Lehrerausbildung weiterentwickelt werden. Die Fachrichtungen der Lehrerausbildung können natürlich, schon wegen ihrer Gebundenheit an die Disziplinen, mit den Kulturbereichen der NLG nicht identifiziert werden, aber es ist auch nicht möglich, daß die Fachrichtungsstruktur der Lehrerausbildung die oben genannten Kulturbereiche außer acht läßt.

Mit der perspektivischen Erweiterung der Schulpflicht ist mit einer stark steigenden Zahl der Oberschüler zu rechnen. Diese quantitative Änderung kann zu qualitativen Konsequenzen führen, die für das Schulwesen sowohl hinsichtlich der Inhalte und Anforderungen als auch der Methoden eine neue Herausforderung darstellt.

Die wichtigste Innovation im Schulwesen und in der Fachausbildungspolitik besteht darin, daß die Fachausbildung auf ein späteres Alter verschoben worden ist. Die Fachausbildung beginnt erst nach dem Abschluß der zehnten Klasse, bzw. der Oberschule selbst. Auf diesem Gebiet ist also nicht nur eine neue Schulstruktur zu erwarten, sondern es ist auch mit einem erhöhten Bedarf an Fachlehrerausbildung auf Universitätsebene zu rechnen. In der Fachlehrerausbildung folgt der pädagogische Teil der Ausbildung immer dem fachlichen (Agrar-, Medizin-, Technik-, Wirtschafts- und Kunstausbildung).

Die oben genannten Herausforderungen werfen auch die Frage der Fachorientierung auf. Die Lehrerausbildung kann diese Frage mit dem Angebot mehrerer Möglichkeiten beantworten: die Entwicklung der schon funktionierenden Fachrichtungen, die Einführung neuer Fachrichtungen, die Möglichkeit der Wahl unter Fachrichtungskombinationen und natürlich die Weiterbildung aufgrund der Grundausbildungen.

Die Modernisierung des Curriculums in der pädagogischen Ausbildung, das Erhöhen des Ausbildungsniveaus enthält vielfältige Aufgaben: neben dem hohen Niveau der Fachinhalte im Unterricht muß auch die Entfaltung der notwendigen pädagogischen Fähigkeiten und Fertigkeiten für den Lehrerberuf berücksichtigt werden. Im Bereich der pädagogischen und psychologischen Ausbildung bedeutet dies die inhaltliche Bereicherung der Bildung, die Vorbereitung auf das Schulleben, auf die Anwendung moderner Methoden im Unterricht und in der Erziehung (Gruppenarbeit, differenzierter Unterricht, usw.), sowie die Erweiterung der frei wählbaren psychologischen und pädagogischen Studien, und – wenn das Studium auf Universitätsebene erfolgt – die Sicherung des Zeitraums für diese Art der Ausbildung.

Das Studium für die Kulturbereiche des NLG ist auch innerhalb der existenten Fachrichtungen und Fachrichtungskombinationen möglich, wenn im Rahmen der einzelnen Fachrichtungen die entsprechenden Spezialisierungen angeboten werden.

In der Weiterbildung, d.h. während eines ergänzenden Studiums, ist es für Hochschulabsolventen möglich, das Universitätsdiplom zu erwerben. In einer zweiten Grundausbildung können die Absolventen, den Anforderungen ihrer Schule entsprechend, ein zweites Diplom desselben Grades erlangen.

Die Ausbildung der Heilpädagogen ist eher der inneren Struktur der Ausbildung von Unterstufenlehrern ähnlich. Ihr Fachrichtungssytem differenziert sich nicht nach den Lehrinhalten, sondern nach den Typen des Defektes oder den spezifischen pädagogischen Aufgaben. Für die Zukunft ist geplant, die Ausbildung der pädagogischen Funktionen auf Universitätsebene zu organisieren.

Eine Form der Weiterbildung im Rahmen der pädagogischen Ausbildung ist die themenspezifische Diplomweiterbildung. Sie enthält Vorbereitungen auf Aufgaben, die im Rahmen der Grundausbildung nicht zu verwirklichen sind – solche Kompetenzbereiche wie: leitender Mitarbeiter des Schulwesens, Schulleiter, Lehrplanexperten, Erziehungs- und Berufsberater, Fachmethodiker und Bewertungsfachleute. Ein Teil dieser Ausbildungsform wird dann später die bereits schon erwähnte pädagogische Fachprüfung bilden.

Im ungarischen Hochschulwesen sind die Institutionen für die praktische Vorbereitung der Referendare, die pädagogische Ausbildung betreffend, in der zweiten Hälfte des 19. Jahrhunderts gegründet worden. Während des letzten Jahrhunderts hat man angefangen, die theoretische Ausbildung der Referendare durch Hospitationen in der Einführungsphase und durch Praktika in den späteren Phasen zu ergänzen.

Heute verfügen die Lehrerausbildungseinrichtungen entweder über ihre eigenen Schulen, wo die Referendare das Praktikum absolvieren, oder, wenn es die Größe der Lehrerausbildungseinrichtung verlangt, werden in diese Arbeit weitere regionale Schulen einbezogen, die ein entsprechendes Niveau aufweisen.

In der ersten Phase der praktischen Vorbereitung auf den Lehrerberuf konzentriert sich das Studium auf die theoretische Gestaltung der Selbsterkenntnis der Lehrerkandidaten, auf das Kennenlernen des Kindes und der Schule an sich. In der zweiten Phase vollzieht sich dann die Vorbereitung auf die konkrete Unterrichtsaufgabe, und erst in der dritten Phase ist die Theorie auf die Praxis zu beziehen, indem der Lehrerkandidat im Praktikum mit der konkreten Klassenarbeit anfängt.

Diese Ausbildungsstruktur der Praktika soll auch in der Zukunft aufrechterhalten werden, gleichwohl erweitert mit einer Konstruktion, in der nach dem Praktikum in den von der Hochschulinstitution unterhaltenen Schulen (Referendarschulen), weitere Phasen des Praktikums in anderen, mit dem Programm kooperierenden Schulen (Musterschulen) ermöglicht werden.

Um das erzielen zu können, muß ein System geschaffen bzw. weiterentwickelt werden, das über die entsprechende Quantität und Qualität von Mentoren, Referendarschulen und Musterschulen verfügt.

Ab 1996 verpflichtet das Schulgesetz alle Pädagogen, die Fachprüfung zu bestehen und ihre Kenntnisse regelmäßig aufzufrischen. Ein wichtiges Positivum im Gesetz ist, daß dafür im Staatsbudget auch die notwendigen finanziellen Mittel zur Verfügung gestellt werden. Die Verpflichtung der erfolgreichen Fachprüfung wird allgemein an die Anstellung im Pädagogenstatus gebunden.

Wenn der jeweilige Pädagoge der Verpflichtung der Fachprüfung innerhalb von zehn Jahren nach dem Abschluß nicht nachkommt, kann er vom Arbeitgeber entlassen werden.

Den Auftrag für die Fachprüfungen wird das Hochschulwesen mit der Zielsetzung erhalten, in-service Pädagogen neue fachliche und Verwaltungskenntnisse zu vermitteln, bzw. ihre pädagogischen Fähigkeiten aufgrund der Praxis kontrollieren zu lassen.

Die obligatorische Weiterbildung soll in Zukunft der ständigen Erneuerung der Kenntnisse nach der Fachprüfung dienen; das System muß aber noch ausgearbeitet werden.

Ich habe versucht, die wichtigsten Fragen der Aus- und Weiterbildung der Pädagogen in Ungarn zu erfassen und hoffe, dadurch einen Einblick in das vielfältige und bunte Bild des Schulwesens von heute gegeben zu haben.

Veränderung der Lehrerausbildung durch eine Veränderung des Praktikums

Herwart Kemper

Für die zweiphasige Lehrerausbildung in den alten wie den neuen deutschen Bundesländern ist es charakteristisch, daß verschiedene Institutionen – Hochschulen und Studienseminare – für sie zuständig sind. Diese Tradition der institutionellen Aufgabenteilung aber führt leicht zu Diskontinuitäten in der Ausbildung, die sich zu der Aufgabe, das Lehrerhandeln in Schule und Unterricht zu professionalisieren, häufig kontraproduktiv verhalten. Denn der Mangel an organisatorischer Verschränkung, inhaltlicher Abstimmung und empirischer Rückkopplung zwischen den beiden Phasen beeinträchtigt nicht nur Zeitökonomie und Lerneffizienz bei der Verwirklichung der Ausbildungsziele. Vielmehr kann bei diesen Mängeln auch der Grad der Professionalisierung des Lehrerhandelns im Durchgang durch die beiden Ausbildungsphasen nicht kontinuierlich und konsequent genug gesteigert werden.

Schon während der ersten Ausbildungsphase an der Hochschule hinterläßt das Lehrangebot, das sich vorwiegend an Einzelwissenschaften bzw. Teildisziplinen orientiert, oft nur ein fragmentarisches statt systematisch geordnetes Wissen in den Köpfen der Studierenden. Weil der Vermittlung des wissenschaftlichen Wissens häufig ein erkennbarer Berufsbezug fehlt, werden von den Studierenden zwar Theorien- und Methodenkonzeptionen rezipiert, nicht aber das ‚Theoretisieren' über schulpraktische Probleme gelernt. Infolgedessen kann auch kein klares Anspruchsprofil an die künftige Lehrertätigkeit ausgebildet werden.

Die Studienseminare wiederum haben Lehramtsanwärter auszubilden, die von verschiedenen Hochschulen kommen und nach Maßgabe der dort jeweils vertretenen Lehr- und Forschungsschwerpunkte recht Unterschiedliches studiert haben. So wird in der zweiten Ausbildungsphase manches noch einmal vermittelt, das aus der ersten Phase bereits bekannt ist. Dagegen werden neue Ausbildungsinhalte vornehmlich unter berufspraktischen Gesichtspunkten vermittelt, die nicht der ersten Ausbildungsphase an der Hochschule vergleichbar wissenschaftlich fundiert werden können. Die Koordination und Integration der verschiedenen fachlichen, pädagogischen und psychologischen, der didaktisch-methodischen und der schulpraktischen Ausbildungselemente wird infolgedessen von den Betroffenen, statt systematisch reflektiert, nach subjektiven Vorlieben und Neigungen vorgenommen; oder sie folgt unter dem Handlungsdruck der Ausbildungs- und späteren Berufssituation den Maßstäben einer routinierten Alltagspraxis, die sich vor allem an der Selbstbehauptung des Lehrers im Unterricht und damit an willkürlichen Erfolgskriterien orientiert.

Diese gewiß nicht neue Kritik an den Folgen einer institutionellen Aufgabenteilung in der Lehrerausbildung ist nun aber keineswegs als Plädoyer gegen ihre Zweiphasigkeit zu verstehen. Diese kann vielmehr durchaus ein konstruktiver Ansatz sein, um die unhintergehbare Differenz zwischen wissenschaftlicher Theorie und beruflicher Praxis zu bewältigen, wenn die beiden Ausbildungsphasen in einem einheitlichen und zugleich differenzierten Sinnzusammenhang gesehen werden. Dies möchte ich im folgenden an einem wichtigen Detail der Lehrerausbildung, der Neuorganisation der Praktika aufzeigen, die im kommenden Wintersemester an der Pädagogischen Hochschule Erfurt für angehende Grund- und Regelschullehrer erprobt werden soll. Das Konzept für die Neuorganisation der Praktika wurde von einer Arbeitsgruppe erarbeitet, die sich aus Hochschullehrern, wissenschaftlichen Mitarbeitern sowie Seminar- und Fachleitern aus Studienseminaren für Grund-, Förder- und Regelschulen zusammensetzte. Diese Zusammensetzung ist insofern bemerkenswert, als sich an ihr das Anliegen der Reformkonzeption bereits deutlich ablesen läßt: Durch einen kooperativen Verbund der ersten mit der zweiten Ausbildungsphase in organisatorischer, personeller und thematischer Hinsicht soll das bisher vielfach zusammenhanglose und damit ineffiziente Nebeneinander von Hochschule und Studienseminar überwunden werden.

Dabei geht die Reformkonzeption davon aus, daß das Hochschulstudium der Lehramtsstudierenden für Grund- und Regelschulen dreimal durch Praktikumsphasen von unterschiedlicher Länge und mit jeweils spezifischen Aufgaben und Funktionen unterbrochen wird, und zwar:

- nach dem 1. Semester durch ein 14-tägiges Orientierungspraktikum,
- nach dem 4. Semester durch ein 6-wöchiges Erprobungspraktikum und
- nach dem 5. Semester durch ein 4-wöchiges Übungspraktikum.

Alle drei Teilpraktika stehen dabei unter dem übergreifenden Ziel, den Perspektivenwechsel von der Schüler- und Studierendenrolle zur Berufsrolle des Lehrers ein- bzw. anzuleiten. Außerdem stehen alle drei Teilpraktika unter folgenden gemeinsamen Zielperspektiven, die eine tendenziell einheitliche Orientierung in den beiden Lehrerausbildungsphasen gewährleisten sollen:

- von den theoriebezogenen Lehrveranstaltungen der Hochschule her ein differenziertes Verständnis für die beruflichen Handlungsfelder des Lehrers zu entwickeln,
- mit dieser Aufgabenstellung gleichzeitig die Lehrveranstaltungen der Hochschule stärker an den Anforderungen der künftigen Berufspraxis der Lehramtsstudierenden auszurichten,
- die Lehramtsstudierenden schon während ihres Hochschulstudiums zu einer kontinuierlichen Auseinandersetzung mit der selbstgewählten Berufsperspektive anzuhalten,

- die Lehramtsstudierenden auf der anderen Seite aber auch dazu anzuhalten, auf der Grundlage der eigenen Praktikumserfahrungen Rückfragen an die wissenschaftliche Theoriebildung und Forschung zu stellen, mit denen sie in den Lehrveranstaltungen der Hochschule bekanntgemacht wurden,
- in der Vor- und Nachbereitung der Praktika ein prüfungs- und berufsrelevantes Grundwissen zu vermitteln, auf das in der Ersten und Zweiten Staatsprüfung zurückgegriffen werden kann,
- die Lehramtsstudierenden schon in der ersten Ausbildungsphase mit den praktischen Anforderungen der zweiten Phase bekanntzumachen und sie im Rahmen des ‚pädagogischen Schonraumes' der Hochschule einer ersten Bewährungsprobe auszusetzen,
- und schließlich aus den Differenzerfahrungen zwischen wissenschaftlichen Theorien und schulischem Alltagshandeln, die in den Praktika unausweichlich werden, Selbst- und Weiterbildungskompetenzen zu entwickeln, die in der zweiten Ausbildungsphase des Studienseminars bereits vorausgesetzt werden.

Auch in der Organisation unterscheiden sich die drei Teilpraktika nicht grundsätzlich voneinander: Jedes Praktikum beginnt mit einem vorbereitenden zweitägigen Blockseminar, das in Anknüpfung an vorausgegangene Lehrveranstaltungen der Hochschule Themenbereiche bearbeitet, aus denen konkrete Arbeitsaufträge für die Durchführung des Praktikums entwickelt werden können. Die anschließende Durchführung des Praktikums wird mit einem nachbereitenden zweitägigen Blockseminar abgeschlossen. Darin werden zum einen die erledigten Arbeitsaufträge der Praktikanten ausgewertet und zum anderen ihre Praktikumserfahrungen unter weiterführenden Fragestellungen und Perspektiven reflektiert.

Vor- und Nachbereitung der Praktika erfolgt in den Blockseminaren durch ein Team, das aus einem Hochschullehrer, Seminarleiter und – je nach Größe und Fachspezifik der Praktikantengruppe – aus Fachleitern und ein bis drei Lehrern besteht, welche die Praktikanten an den Ausbildungsschulen betreuen. Dieses Team entwickelt unter Berücksichtigung der je besonderen Ausbildungsbedingungen an den zur Verfügung stehenden Schulen gemeinsam die Themen- und Aufgabenstellungen, die den drei Teilpraktika jeweils zugrundeliegen sollen. Gemeinsam werten die Mitglieder des Teams nach Durchführung des Praktikums die erledigten Arbeitsaufträge aus und erörtern anschließend mit den Praktikanten die Frage, welche Konsequenzen aus den durchgeführten Praktika für das weitere Hochschulstudium, für die selbstgewählte Berufsperspektive, aber auch für später folgende Praktika bzw. für die anschließende zweite Ausbildungsphase zu ziehen sind.

Obwohl alle drei Teilpraktika unter gemeinsamen Zielperspektiven stehen und eine einheitliche Organisationsstruktur aufweisen, haben sie jedoch jeweils andere Aufgaben bzw. Funktionen zu erfüllen:

Das Orientierungspraktikum soll die Studierenden vornehmlich für die vielfältigen Aufgaben und unterschiedlichen Problemaspekte ihres künftigen beruflichen Handlungsfeldes sensibilisieren. Diese Problemsensibilisierung erfolgt sowohl auf einer sachbezogenen als auch auf einer personenbezogenen Ebene: Auf der sachbezogenen Ebene soll im Orientierungspraktikum vor allem der Zusammenhang von Unterricht, Schulleben und außerschulischer Lebenswelt der Schüler als konstitutiv für das Lehrerhandeln und den Lernerfolg des Schülers erkannt werden. Auf der personenbezogenen Ebene sollen dagegen die Handlungsaufgaben und -probleme des Lehrers auf dem Hintergrund der eigenen Sozialisations- bzw. Erziehungs- und Bildungsgeschichte des Lehramtsstudierenden reflektiert werden. Auf diese Weise sollen die Lehramtsstudierenden sowohl die komplexe Schulwirklichkeit als auch sich selbst in dieser Wirklichkeit reflektieren lernen. Dieses (selbst-)reflexive Verhältnis zur Lehrertätigkeit entsteht dabei vor allem aus der Einsicht in die Mehrperspektivität von Schule und Unterricht. Zu diesem Zweck sollen im Orientierungspraktikum vor allem die institutionell-organisatorische, die curricular-didaktische und methodische, die biographische und soziale sowie die kommunikative und interaktive Dimension schulischer Erfahrungs- und Lernprozesse thematisiert werden.

Das Erprobungspraktikum hat über die problemsensibilisierende Funktion des Orientierungspraktikums hinaus auch eine handlungsmotivierende Funktion für die Lehramtsstudierenden zu erfüllen. Dies soll dadurch geschehen, daß die Vermittlung von Orientierungswissen hier mit forschendem und praktischem Lernen verknüpft wird. Auf der sachbezogenen Ebene sollen die Studierenden lernen, zu schulpraktischen Aufgaben- und Problemstellungen „theoretische Äquivalente" (Heimann) zu entwerfen und den Entwurf von Lernsequenzen oder pädagogischen Interventionen in der schulischen Alltagspraxis auf ihre Tragfähigkeit hin zu überprüfen. Dabei sollen eigene Unterrichtsversuche abschließender Bestandteil des Erprobungspraktikums sein und eine erste Probierphase für selbständiges, didaktisch-methodisches und pädagogisches Handeln ermöglichen. Auf der personenbezogenen Ebene erfolgt die Handlungsmotivierung durch Reflexion und Analyse von Selbst- und Sozialerfahrungen in der unterrichtlichen Aufgabensituation vor dem Hintergrund der eigenen Lernbiographie und Sozialisationsgeschichte und zwar mit dem Ziel, das eigene Handeln und Verhalten in schulischen Alltagssituationen an den Reaktionen der Schüler zu kontrollieren und im Interesse an einer weitgehend gemeinsamen Perspektive in der unterrichtlichen Aufgabenstellung sich selbst zu erziehen.

Nach der problemsensibilisierenden Funktion des Orientierungspraktikums und der handlungsmotivierenden Funktion des Erprobungspraktikums hat das Übungspraktikum vor allem eine handlungs- und verhaltensregulierende Funktion zu erfüllen. Diese Handlungs- und Verhaltensregulierung erfolgt auf der sachbezogenen Ebene durch die Fremd- und Selbstevaluation von Unterrichtsergebnissen und Interventionseffekten und auf der personenbezogenen Ebene durch die Beobachtung, Analyse und Kritik der Lehrer-Schüler-Kommunikation und Interaktion innerhalb und außerhalb des Unterrichts. Im Übungspraktikum sollen außerdem nicht nur einzelne Lehrsequenzen und eine Unterrichtsstunde, sondern mehrere Unterrichtsstunden innerhalb einer Schulwoche entworfen und erprobt werden. Auf diesem Wege soll die Belastbarkeit des Lehramtsstudierenden unter beruflichen Streßbedingungen getestet und eine erste Verhaltenssicherheit in unterrichtlichen und schulischen Aufgabensituationen erreicht werden. Auf dieser ersten Bewährungsprobe im Rahmen des Hochschulstudiums kann dann die Entwicklung der professionellen Handlungskompetenz des Lehrers und eines entsprechenden Berufsethos in der zweiten Phase der Lehrerausbildung im Studienseminar aufbauen.

Die drei Teilpraktika der ersten Phase der Lehrerausbildung an der Hochschule werden damit unter einem zentralen Problem des Lehrerhandelns thematisch eng miteinander verzahnt. Ich meine das Problem der prinzipiell unaufhebbaren Differenz zwischen Theorie und Praxis, zwischen fach- und erziehungswissenschaftlichem Wissen einerseits und didaktisch-methodischem und pädagogischem Handeln andererseits. Dieser Differenz wird bei der Neuorganisation der Praktika insofern zurecht die Funktion einer ‚konzentrierenden Mitte' zugewiesen, als sie in der unterrichtlichen Aufgabensituation bei Lehrern immer wieder von neuem Diskrepanzerlebnisse zwischen Unterrichtsplanung, -durchführung und -ergebnissen erzeugt. Da sich diese Differenz bei der Berufsausübung in der schulischen Alltagspraxis Tag für Tag immer wieder von neuem als ein nur annäherungsweise zu lösendes Problem erweist, wird sie als ständig neue Aufgabe und persönliche Anforderung an den Lehrer erfahren. Indem diese Differenz in den 3 Teilpraktika den Lehramtsstudierenden als ein durchgängiges alltags-praktisches Berufsproblem bewußt gemacht und ein reflektierter Umgang damit angebahnt wird, hoffen wir, die Aufgabe der Vermittlung zwischen der Wissenschaftsorientiertheit der ersten, ‚theoretischen', und der Berufsbezogenheit der zweiten, ‚praktischen', Ausbildungsphase, die bisher durch die institutionelle Aufgabenteilung rein organisatorisch gelöst wurde, auf eine neue, sowohl fach- und sachbezogene als auch berufspraktische Weise besser als bisher lösen zu können.

Vieles, was in den theoriebezogenen Lehrveranstaltungen der ersten Ausbildungsphase angeeignet und in der zweiten, praxisbezogenen Ausbildungsphase auf seine Reichweite und Tragfähigkeit geprüft wird, kann jedoch erst auf dem Hintergrund eigener berufspraktischer Erfahrungen angemessen eingeschätzt und beurteilt werden. In einem bemerkenswerten Aufsatz mit dem Titel „Theorie und Praxis" hat Janusz Korczak dieses für die Lehrerausbildungspraxis grundlegende und bislang viel zu wenig beachtete Phänomen folgendermaßen beschrieben und zugleich auf den Begriff gebracht:

> „Und wenn ein Mensch nach Jahren der Arbeit, in gedanklicher Anstrengung, nach schweren Erfahrungen endlich zu diesen Wahrheiten gelangt, nimmt er erstaunt wahr, daß eigentlich nichts neues darin ist, daß die Theorie all dies seit langem verkündet, daß er dies seit langem gelesen, gehört, gewußt hat, daß er es jetzt darüberhinaus – dank der Praxis – auch gerade so fühlt. Wer eine Divergenz sieht zwischen Theorie und Praxis, ist gefühlsmäßig dem Niveau der modernen Theorie nicht gewachsen, er muß nicht mehr Buchstaben aus Büchern lernen, sondern aus dem Leben, ihm fehlen keine Rezepte, sondern die in schwerer Mühsal errungene moralische Kraft, die Wahrheit zu empfinden, sich mit der Wahrheit der Theorie zu verbrüdern."

In diesem Zitat kennzeichnet Janusz Korczak die Bewältigung der Theorie-Praxis-Differenz als eine anstrengende, mühevolle Aufgabe, die im Studium weder gelehrt noch gelernt, sondern von jedem Lehrer – in ständigem Wechsel von Reflexion und Aktion – nur in eigener Anstrengung bewältigt werden kann. Mit dieser Anstrengung kann der Lehramtsstudierende nicht früh genug bekanntgemacht werden und umgehen lernen. Die Reorganisation der Praktika in der Lehrerausbildung soll dazu einen grundlegenden Beitrag leisten.

Literatur

Korczak, J.: Theorie und Praxis, in: Ders. Verteidigt die Kinder! Gütersloh1978

Die ungarische Lehrerausbildung in dem sich wandelnden System des Hochschulwesens

Eva Zam

Die ungarische Bildungspolitik setzte sich die volle Umgestaltung des bisherigen Systems des Hochschulwesens zum Ziel. Im Hinblick auf den Umfang dieser Veränderung erscheint sie als die große Umgestaltung im Bereich des ungarischen Bildungswesens in diesem Jahrhundert.

Sie konnten sich mit Hilfe der vorangegangenen Vorträge dieser Konferenz bereits ein Bild von den Hauptansätzen der Reform machen. Ich möchte deren Auswirkungen von der Seite der Hochschuleinrichtungen im Bereich der Lehrerausbildung beleuchten.

Die inneren und äußeren Bedingungen der Umgestaltung des Hochschulwesens:

- Die Zahl der Hochschulinstitute erhöhte sich zwischen 1989-97 um 50%. Zudem stieg die Zahl der kirchlichen Institutionen und Stiftungen erheblich an. (Auch die kirchlichen Institutionen haben auf einer normativen Grundlage Anteil an der staatlichen Unterstützung.)
- Die Zahl der für das erste Semester immatrikulierten Direktstudenten wuchs zwischen 1990 und 1995 um mehr als das Doppelte.
- Die Fachausbildungsstruktur im Hochschulwesen änderte sich kaum.
- Das Hochschulwesen kam über den demographischen ‚Wellenberg' hinweg und steuert jetzt dem ‚Tal' zu, wobei die Einrichtungen die extensive Wachstumsbahn nicht abbrechen können. „Die Zahl der Aufgenommenen in den ersten Jahrgang betrug 1995 61.000, annähernd 73% aller Abiturienten, aber nur 34% aller Achtzehnjährigen. Falls wir auf diesem Standard insistieren, werden wir ab dem Jahre 2002 den Prozentsatz von 50% im Verhältnis zu allen Achtzehnjährigen erreichen. Dieser würde das jetzige und in der nahen Zukunft zu erwartende, quantitative Niveau des Hochschulwesens der europäischen OECD-Länder erheblich übersteigen, obwohl diese teilweise zwei- bis dreimal entwickelter sind als Ungarn." (siehe dazu auch Anlagen)
- In den 90er Jahren verringerte sich die staatliche Unterstützung im Realwert um die Hälfte.

Die wichtigsten Änderungen im Bildungswesen, von denen auch das Hochschulwesen berührt wurde:

- Die Gesamtzahl der an der Bildung Teilnehmenden wird sich bis 2010 nicht erhöhen.

- Die herkömmliche 8 + 4 Einrichtungsstruktur der sich auf 12 Jahre erstreckenden Bildung lockerte sich auf. Es entwickelten sich auch die 6 + 6 und 4 + 8 Strukturen.
- Ab dem nächsten Schuljahr (1998/99) wird der Nationale Grundlehrplan eingeführt, der einer sich erneuernden Lehrerausbildung bedarf.
- Das Bildungsgesetz schreibt alle sieben Jahre eine Pflichtweiterbildung für tätige Pädagogen und die Einführung der pädagogischen Fachprüfung vor, die fachlich in die Lehrerbildungsinstitute eingehen müßten.

Dies brachte die Einrichtungen des ungarischen Hochschulwesens, aber insbesondere die Lehrerbildungsinstitute, in eine äußerst schwierige Lage.

Die Ausbildung von Pädagogen in Ungarn wird auf folgenden Ebenen und Professionen durchgeführt:

1. Pädagogische Ausbildung im Kindergarten-Bereich mit dreijährigem Hochschulstandard (Bis 1958 erfolgte diese Ausbildung in mittelschulischen Einrichtungen.)
2. Die Lehrerausbildung für die Unterstufe erfolgte in einem dreijährigen, ab 1995 /96 in einem vierjährigen Ausbildungsrahmen
3. Fachlehrerausbildung
   a) vierjähriges Studium von zwei Fächern mit Hochschulstandard
   b) fünfjähriges Studium von einem bzw. zwei Fächern mit Universitätsstandard.

Die Zahl der Einrichtungen, die Lehrer ausbilden, beträgt heute insgesamt 47, was fast der Hälfte der ungarischen Hochschulinstitutionen entspricht. Die Ausbildung der Lehrkräfte für allgemeinbildende Fächer erfolgt heute an acht Universitäten und vier Pädagogischen Hochschulen.

Zur Zeit der ‚demographischen Welle' befaßten sich noch vier weitere Universitäten mit der Fachlehrerausbildung. Das zeigt deutlich, daß in der Lehrerausbildung eine unnötige quantitative Entwicklung vor sich ging, die zu strukturellen Problemen führte, und in deren Folge die Institute für Lehrerausbildung, sich am knappen Arbeitskräftemarkt in einer ungleichen Wettbewerbssituation befindend, sich gegenseitig ‚bei der Kehle packten'. Die Bildungsfrage erfordert geradezu tiefgreifende Inhaltsveränderungen, kümmert sich dagegen aber nicht um die Lösung der durch die übertriebene quantitative Entwicklung entstandenen Probleme.

1. Die stabilsten Institutionen der Lehrerausbildung sind möglicherweise die Einrichtungen im Bereich des Kindergartens. Sie haben nur eine geringe Anzahl von Studenten (600-800). Es gibt im Land drei Institutionen mit einem solchen Charakter. Ihr Ausbildungsprogramm ist sehr speziell, so daß sie nach den Prinzipien der hochschulgemäßen Akkreditation kaum als Hochschuleinrichtungen zu betrachten sind. Wegen der kleinen Zahl von Studenten könnten auch die lokalen

Selbstverwaltungen in der Lage sein, diese Institutionen aufrechtzuerhalten.

2. Die ausbildenden Hochschulen für die Unterstufenlehrer genießen eine solche Stabilität nicht. Besonders jene nicht, in denen außer der genannten Ausbildung keine weitere vorhanden ist. Eine solche Ausbildungsform wird an insgesamt 16 Orten realisiert, was einer Überausbildung gleichkommt. Die Ausbildung, die sich von 3 auf 4 Jahre erweitert hat, stand nach Meinung vieler Experten im Einklang mit internationalen Tendenzen in der pädagogischen Ausbildung, das heißt, daß sich ihre Struktur auf die Unterstufe (jetzt die ersten sechs Jahrgänge) bezog. Damit wurde diesen Hochschulen eine Struktur aufgezwungen, die bereits zum Teil an den anderen Einrichtungen in der Lehrerausbildung existierte.

Dieser Ausbau paralleler Ausbildungsstrukturen wurde aber für die Fachleute nicht von einem quantitativen Anspruch her begründet. Ganz im Gegenteil, die demographische Entwicklung hätte eher das Gegenteil begründet. Wegen des Mangels an inhaltlichen Vergleichen müssen die Studenten in der Lehrerausbildung große Veränderungen verkraften.

Diese Veränderungen sind insgesamt sehr tiefgreifend und so gut wie kaum zumutbar für die Schüler, die die Veränderungen in einer ‚anderen' Schule unter der Lenkung eines ‚anderen' Lehrers wahrnehmen sollen. Der ‚Umbruch' war nach dem Kindergarten, der vierten Klasse, der achten Klasse, nach dem Abitur bzw. nach der Aufnahme des Studiums an einer Hochschule spürbar. Aller Wahrscheinlichkeit nach wird durch das Sechs-Jahrgänge-System eine neue ‚Bruchlinie' entstehen, die aber im Sinne des Nationalen Lehrplanes ist, der gewisse weitere Prüfungen vorsieht. Ob diese aber von den Schülern bewältigt werden können, bleibt noch abzuwarten. Ab der 7. Klasse unterrichten nämlich schon Lehrer, die eine Universität absolviert haben, wobei es heute noch fast unüberbrückbare fachliche Unterschiede zwischen der Universitätsausbildung und der Lehrerbildung für die Unterstufe gibt.

3. Auch die ungarische Fachlehrerausbildung steht vor einer beträchtlichen Umgestaltung. Seit mehr als anderthalb Jahrzehnten besteht die als bildungspolitisches Ziel formulierte Aufgabe, die Verwirklichung der Lehrerausbildung auf Universitätsniveau. Diese Aufgabe wurde auch in das Regierungsprogramm aufgenommen, und es ist vorgesehen, bis zum Ende dieses Jahres darüber eine Regierungsverordnung zu erstellen.

Die Etablierung der Lehrerausbildung mit Hochschulniveau und die Gründe ihrer Aufrechterhaltung:

- Die Ausdehnung der Schulpflicht erst auf 14 und dann auf 16 Jahre, verlangte binnen kurzer Zeit die Ausbildung vieler Fachlehrer, welche nur durch Gründung von Pädagogischen Hochschulen ermöglicht werden konnte. Später erforderte auch die demographische Entwicklung deren Aufrechterhaltung; mit der

Zeit fiel aber dieser Grund weg.

- In Ungarn bildeten die Pädagogen die am schlechtesten bezahlte Schicht der sogenannten Intelligenz. Deshalb nahmen den Beruf des Pädagogen nur wenige, zumeist junge Leute aus den Großstädten, auf.
- In der zweiten Hälfte der 80er Jahre verringerte sich aufgrund der demographischen Lage die Nachfrage nach den Fachlehrern in Ungarn. Der Anstieg der Zahl der Lehrer-Absolventen zeitigte aber ein Überangebot an Lehrern auf dem Arbeitsmarkt. Nur noch in einigen Fächern blieb ein gewisser Bedarf bestehen, wie zum Beispiel im Bereich der Informatik, der Wirtschaftswissenschaften und der Fremdsprachen.

Die ausbildenden Hochschulen für die Oberstufenlehrer bestehen in Ungarn seit über 40 Jahren, und je nach Institut verfügen sie heute über 6500 bis 7000 Studenten.

Diese Hochschulen sind die größten - auch im Hinblick auf die wissenschaftlich qualifizierten Lehrkräfte - und stärksten Bereiche im Hochschulwesen; sie stellen zugleich auch selbständige Einrichtungen dar.

Die Zwei-Fächer-Ausbildung erfolgt in einem Zeitraum von 4 Jahren, wobei sich die praktische Vorbereitung der Studenten auf traditionell hohem Niveau befindet. Die Gesamtzahl der Studenten erhöhte sich ab dem Jahre 1990 erheblich. Dabei ist es schwierig, genaue Zahlen zu nennen, da die pädagogische Ausbildung in der Statistik noch pauschal und gemischt erscheint, was es unmöglich macht, eine für die einzelnen Schultypen bestehende Überausbildung offenzulegen.

Lehrerbildung des „hochschulischen Typs“ dürfen sowohl Institute für Kindergartenausbildung als auch Universitäten durchführen, was übrig bleibt, gehört den ursprünglichen Hochschulen an.

Über die Lehrerausbildung „universitären Typs“:

Einst war dieser Typ an vier Universitäten vertreten. Heute gibt es hinsichtlich des Niveaus der einzelnen universitären Ausbildungsstätten immense Unterschiede, viel größere als im Bereich der Hochschulen. Was sind deren Ursachen? In Ungarn gab und gibt es, zum Teil auch heute noch, unter den Universitäten einige mit einem engen Ausbildungsprofil. Diese wurden aufgrund der beträchtlichen Veränderungen der Zweigstruktur in der Volkswirtschaft zu erheblichem Wandel ihrer Ausbildungsstruktur gedrängt. Zu diesem Zeitpunkt hatten sie auch noch die entsprechenden Möglichkeiten dazu, da die Finanzierung dieser Einrichtungen noch von der staatlichen Basis erfolgte, unabhängig von der Anzahl der Studenten.

Warum nun wählten die Universitäten die Lehrerausbildung als ‚Ergänzungsprofil‘?

In jeder Einrichtung gab es Gesellschaftskunde und Fremdsprachen. So besaßen die philosophischen Fakultäten die benötigten Fach-Lehrkräfte dafür. Andererseits hatten sie aber aufgrund des Mangels an Infrastruktur viel größere Schwierigkeiten, vor allem für am Markt orientierte Fächer wie Betriebswirtschaftslehre (Fachökonomie) oder Jura, wegen des Anstiegs der Studentenzahl in diesen Disziplinen, die Lehre zu organisieren.

Vor einem solchen historischen Hintergrund ergab sich für die Fachlehrerausbildung, daß das Hochschulwesen mit wenigen Fachleuten eine sich inhaltlich umgestaltende Lehrerausbildung auf höherem Niveau erzeugen sollte, die Lehrerausbildung „hochschulischen Standards" aber dahinsiechte.

Dafür geben die Konzeptionen für die Lehrerausbildung der führenden Universitäten auch den Hochschulen den Ausbildungsrahmen vor. Aufgrund unserer Erfahrungen besteht Konsens vielleicht in einem Punkt: die auf der Hochschulebene erreichten Werte darf man nicht verloren gehen lassen.

Eine entsprechende Lösung dafür zu finden, scheint nicht einfach zu sein:

- Die qualitativen Anforderungen lassen es nicht zu, bloß das ‚Schild' auszutauschen, das heißt, daß wir die pädagogischen Hochschulen einfach zur Universität erklären, wobei diese Praxis in vielen Ländern betrieben wurde.
- Die Jahresnormativen erlangen bloß die Hälfte der Universitätsnormativen, die die Einrichtungsentwicklung aus inneren Quellen unmöglich macht.
- Auf die einheitliche Fachgebietsausbildung bezogen gibt es keine Akkreditierungsanforderungen.
- Es gibt kein Kreditsystem. Die Anrechnung der Hochschulstudien an den Universitäten kommt den Universitäten zugute, die an der Aufrechterhaltung der Hochschulen nicht interessiert sind oder ihnen sogar ablehnend gegenüberstehen.

Es vollzogen sich zugleich drei, mit Blick auf das ganze System, rechtlich sehr bedeutsame Schritte:

- Eine Ministerialverordnung erschien, die sich auf die Vereinheitlichung des Lehrerberufs bezieht. Aber das einheitliche Fachgebietsmodul der Fachausbildung ist bis heute nicht geregelt.
- Entsprechend des Hochschulgesetzes kann auch die Pädagogische Hochschule eine universitäre Ausbildung in den Bereichen durchführen, die akkreditiert werden können.
- Die lehrerbildenden Hochschulen wurden jedoch bei der Akkreditierung als alleiniger Wissenschaftsbereich betrachtet, und bekamen provisorisch das Recht, Diplome bis zum Jahr 2000 zu erteilen, obwohl das Hochschulgesetz klar vorgibt, „ein Hochschulinstitut kann sich in dem Fall betätigen, wenn es in mehreren Wissenschaftsbereichen, in mehreren Fächern zur Ausbildung geeignet ist". Zur ‚Sicherheit' wurden die Hochschulen mithin gegen das Gesetz und die bestehende Praxis als einen Wissenschaftsbereich umfassende Einrichtungen

aufgefaßt.

Daraus ergibt sich, daß diese Regelung nur diesen Einrichtungen Möglichkeiten und Aufgaben bietet, die Lehrerdiplome vergeben dürfen. Die Hochschulen stellen Akkreditierungsanträge, um Universitätsfächer unterrichten zu können, wobei ihre Chancen minimal und im Hinblick auf die vielen Fächer auch sehr begrenzt sind.

Der dritte ‚Rechtsakt' bedeutet nur für das Bildungsministerium Haftung, aber für die Einrichtungen keine Sicherheit.

Die Lösung sehe ich, auch die Konsequenzen der bisherigen Umgestaltung analysierend, in folgendem:

1. Das erste und wichtigste ist, daß der ‚Verbraucher', mithin die Bildung, ihren sich auf die Fächer beziehenden Anspruch formulieren soll. Während das ungarische Hochschulwesen sich immer mehr dem Arbeitsmarkt zuwendet, erscheinen in dessen Ausbildung die Verbraucheransprüche so gut wie kaum noch.
2. Eingerichtet werden müßte eine Fachkommission der ‚Verbraucher', der einheimischen und ausländischen Fachexperten und der die Ausbildung Durchführenden, die die fachlichen Qualifizierungsanforderungen der einheitlichen Lehrerausbildung universitären Standards erarbeitet. Eine solche Vereinbarung ist ausschließlich denen, die die Ausbildung leiten wegen der Chancenungleichheit und der an die jeweiligen Einrichtungen geknüpften Interessen im Kontext eines immer enger werdenden Arbeitsmarktes nicht zuzumuten.
3. Die Lehrerausbildung muß einheitlich in einem fünfjährigen Studium erfolgen, gleichen Normativen unterliegen und in einer Zwei-Fächer-Ausbildung gestaltet werden.
4. Die Veränderung benötigt finanzielle Grundlagen, deren Quellen und Ausmaß bestimmt werden müssen.
5. Man soll das Finanzsystem in die Lage versetzen, die strukturelle Umgestaltung provisorisch zu handhaben. Das derzeitige System bietet nämlich nur dann eine erträgliche Sicherheit, wenn es die Studentenzahlen ständig erhöht.
6. Wenn man die Qualifizierungsanforderungen kennt, kann man entscheiden, welches Fach in welchem Institut zu akkreditieren ist.
7. Es sollte ein universitäres Grunddiplom von universitärem Standard in den Pädagogischen Hochschulen vergeben werden können, falls die Hochschule das betreffende Fach als Fach für die Lehrerausbildung akkreditieren konnte.
8. Durch das Finanzsystem sollte angestrebt werden, daß die Institutionen ihre Freikapazitäten marktkonform investieren können. In bestimmten Fachgebieten ist der Mangel erheblich, vor allem dort, wo man mit Kapazitätserweiterungen nicht rechnen kann.

Die Umgestaltung der Lehrerausbildung, denke ich, könnte für das ungarische

Hochschulwesen beispielhaft werden, aber vielleicht auch auf anderen Gebieten, wo es ähnlich tiefe Veränderungen gibt.

Dazu nur zwei Gesichtspunkte: Ich bin überzeugt, daß jede Umgestaltung in einer sichtbaren Form vonstatten gehen muß, und dies trifft auch auf die pädagogische Ausbildung zu. Bei der Qualifizierung des Finanzierungssystems besteht der wichtigste Ansatz darin, es so einzusetzen, daß es anspornt. Die Normativität als Errungenschaft soll zur qualitativen Entwicklung und zu einer begründeten strukturellen Umgestaltung anreizen.

Die erste Bedingung konnte nicht erfüllt werden.

Die Unzulänglichkeiten des Finanzierungssystems betreffen das gesamte Hochschulwesen. In diesem Bereich genießt die pädagogische Ausbildung eine pauschal bessere Lage als andere Bereiche, da die Regierung der Unterstützung der pädagogischen Weiterbildung beträchtliche Summen zur Verfügung stellt. So besteht für die Lehrerausbildung die Möglixhkeit, sich an der Vermittlung der den neuen Bildungsansprüchen entsprechenden Inhalte zu beteiligen.

In Ungarn kündigte man in der Pädagogenfortbildung über 4.000 Programme an, die sich von einige Monate umfassenden Kursen bis hin zum Erwerb neuer Diplome erstrecken können.

Diese mögen zwei Zielen dienen:

1. Zunächst können sie eine Umschulung für fehlende Fachgebiete bedeuten (z.B. Informatik, Lehrerdiplome für Fremdsprachen);
2. sie können aber auch solche Kenntnisse vermitteln, die den praktizierenden Pädagogen in der Entwicklung des neuen Lehrplans behilflich sein können (z. B. methodische Projekte, Fachprogramme).

Die Weiterbildung im Fachbereich wird in Ungarn nicht nur damit begründet, daß die Kenntnisse ständiger Innovation bedürfen, sondern auch damit, daß der Nationale Grundlehrplan solche Bildungsbereiche setzt, auf die das Hochschulwesen seine Lehrer wegen der übertriebenen Fachspezialisierung nicht vorbereitet.

Ein Großteil der tätigen Pädagogen hat keine Praxis hinsichtlich der Erstellung und Entwicklung von Lehrplänen, da sie ehedem nur zur Ausführung der Zentrallehrpläne angehalten wurden.

Diese Aktivitäten erfordern auch von den Hochschulen der Lehrerausbildung erhebliche inhaltliche Erneuerungen und die Umgestaltung ihrer Ausbildungsstruktur.

Unerläßlich ist also, daß sich das ungarische Hochschulwesen über ausländische Lösungsmodelle informiert. Mit besonderer Berücksichtigung müssen die Erfahrungen der europäischen Länder ins Auge gefaßt werden, in denen die vorhandenen fachlichen Verbindungen auch bis jetzt Einsicht in die verschiedenen Unterrichtsysteme gewähren.

Anmerkungen

1. Nachfrage und Angebot der Arbeitskraft zwischen 1995-2010 (Fachmanager: János Tirnár, „Arbeitskraftvorprojektierung auf mittel- und langer Sicht“, im Rahmen eines Weltbankprogramms)

Anlage I.

Arbeitskraft mit ,Oberstufenausbildung' für Zehntausend-Beschäftigte, nach Berufsgruppen, in verschiedenen Ländern

Land	Jahr	Technisch*	Arzt**	Pädagoge	Jurist
Österreich	1994	243	...	433	57
Schweiz	1990	198	71	354	34
Deutschland	1993	276	68	311	26
Spanien	1990	...	95	364	53
Frankreich	1990	175	104	374	14
Niederlande	1990	196	60	500	41
Norwegen	1990	150	68	630	24
Finnland	1990	254	109	419	27
Schweden	1991	...	...	481	27
Groß-Britan.	1990	192	65	424	52
Durchschnitt		***202***	***80***	***429***	***36***
Ungarn	***1994***	***310***	***83***	***511***	***42***
	2000***	727	102	512	48
USA	1992	194	68	494	59
	2005****	260	87	661	75

* Ingenieur, Agrarier, Naturw. und exakte Wissenschaften, Rechnungstechnische Berufe

** Arzt und Zahnarzt zusammen

*** nach der Vorauszeichnung der Zweigexperten

**** The American Work Force: 1992-2005, BLS Bulletin 2452. Washington, 1994

Anlage II.

Internationaler Vergleich für die ‚Oberstufenfachmann'-Versorgtheit

Land	Zeitpunkt	Zehntausend			
		auf den Beschäft. fallende Techniker	auf den Beschäft. fallende Juristen	auf 10.000 Einw.fall. Ärzte	auf 5-19jährige Jugendliche fallende Pädagogen
Schweiz	1990	434	34	38	1072
Deutschland	1993	681	26	31	1109
Frankreich	1990	499	14	41	1466
Österreich	1990	600	57	...	1042
Finnland	1990	651	27	56	1261
Norwegen	1990	495	24	34	1652
Groß-Britan.	1990	624	52	30	1051
Niederlande	1990	645	41	26	1140
Durchschnitt		***579***	***34***	***37***	***1224***
Ungarn	***1994***	***729***	***42***	***34***	***1000***
	2010	***1933***	***48***	***46***	***1310***
USA	1990	889	59	32	1143

Anlage III.

Gestaltung der Gesamtzahl der sich in das Schulsystem integrierenden Altersklassen zwischen 1990-2010

(in Tausend)

Jahr (1. Januar)	6-jährige	14-jährige	18-jährige	zw. 6-13 Jahren	zw. 14-17 Jahren
1990	123,2	190,1	142,5	1202*	671*
1995	122,2	145,3	180,0	1024	644
1996	122,1	139,7	172,8	1006	610
1997	124,7	130,9	172,9	1000	577
1998	126,3	124,7	163,8	1001	545
1999	121,1	122,5	145,6	1000	522
2000	116,6	127,8	139,9	989	510
2001	117,6	125,9	131,2	981	504
2002	117,6	124,7	125,0	975	504
2003	117,1	123,3	122,8	970	505
2004	116,4	122,7	128,1	965	499
2005	116,1	125,3	128,2	957	499
2006	116,1	126,9	126,4	949	501
2007	116,2	121,8	125,2	944	499
2008	115,8	117,4	123,1	945	494
2009	114,9	118,7	125,8	942	488
2010	114,8	118,7	127,5	939	480

* Nach der Nummer 14., in den Demograpischen Bulletins

2. Probleme der Schulentwicklung in Ungarn und Thüringen

Demographie und Schulentwicklung in Thüringen: Situation und Perspektiven der Schulgestaltung

Horst Weishaupt

Thüringen hat zum Schuljahr 1991/92 sein Schulwesen grundlegend umgestaltet. Ein aus Polytechnischen Oberschulen (POS) und Erweiterten Oberschulen (EOS) bestehendes Einheitsschulsystem wurde in eine nach Schulstufen und -arten gegliederte Schulstruktur transformiert: auf die vierjährige gemeinsame Grundschule folgen die Regelschule und das Gymnasium als weiterführende Schularten. Einerseits wurde damit eine Anpassung an das westdeutsche Schulsystem vollzogen andererseits mit der Verbindung des Bildungsgangs der Hauptschule und der Realschule in der Regelschule auch ein eigenständiger Weg bei der Schulorganisation in der Sekundarstufe 1 beschritten.

Wir haben in den letzten Jahren in zwei Untersuchungen an drei Regelschulen und vier Gymnasien in Thüringen die Frage untersucht, wie die Beteiligten in den Schulen und insbesondere die Lehrer und Schulleiter sich nach der Umstrukturierung des Schulsystems der Aufgabe der Gestaltung einzelner Schulen stellten. Bevor ich über Ergebnisse dieser Untersuchungen kurz berichte und in einem zweiten Teil auf künftige Probleme der Schulentwicklung eingehe, sind zunächst zwei Vorbemerkungen notwendig:

Erstens standen die Lehrer der Umorganisation des Schulwesens eher distanziert bis ablehnend gegenüber. Im Rahmen einer umfangreichen schriftlichen Befragung von Lehrern an Thüringer Grund-, Regelschulen und Gymnasien zur Einschätzung der neuen Schulstruktur 1993 ergaben sich keineswegs positive Einschätzungen der neuen schulorganisatorischen Strukturen. Meist wurden die DDR-Schularten besser bewertet als die neuen (Weishaupt/Zedler 1994, S.421-422; Weishaupt 1996). Dies konnte deshalb nicht verwundern, weil in den schulpolitischen und pädagogischen Diskussionen 1989-1991 Lehrer und Eltern überwiegend eine innere Erneuerung der Schulen wünschten, die Schulstruktur aber nicht in Frage stellten.

Zweitens führte die Reorganisation des Schulwesens zur Versetzung der Mehrzahl der Lehrer an neue Schulen. Sämtliche Kollegien der Regelschulen und Gymnasien wurden 1991 neu zusammengesetzt. Zu Beginn der Sommerferien wußten viele Lehrer noch nicht, wo sie nach den Ferien arbeiten werden. Auch die Schulleiter übernahmen fast ausnahmslos 1990/91 erstmals diese Aufgabe (s. Weishaupt/Köhler 1998). Die innere Entwicklung der Schulen in Thüringen begann deshalb an Schulen mit neu ‚zusammengewürfelten' Kollegien und unerfahrenen Schulleitungen.

1 Gegenwärtige Situation der inneren Schulentwicklung am Beispiel von Regelschulen und Gymnasien

Ausgangspunkte für die von uns durchgeführten Projekte waren die „Qualität von Schule" – Forschung und die in diesem Zusammenhang diskutierten Ansätze zur Erfassung der spezifischen ‚Kultur' einer Schule. Die Auswahl der Schulen für unsere Untersuchungen richtete sich nach dem Standort der Schule (ländlich, kleinstädtisch, großstädtisch). Sie repräsentieren typische Standortkonstellationen der Regelschule und des Gymnasiums in Thüringen.

Unsere Untersuchungen kombinierten qualitative und quantitative Verfahren der Datenerhebung. Die qualitativen Erhebungen (im wesentlichen über leitfadengestützte Interviews) bezogen sich überwiegend auf Aspekte der Organisationskultur der Schulen, während die verwendeten standardisierten Fragebogen vornehmlich die Lern- und Erziehungskultur der Schulen erfaßten. Durch die Fragebogenerhebungen wurde erreicht, daß die Datenbasis für die Analyse der Lern- und Erziehungskultur breiter ist als dies in rein qualitativen Studien möglich ist (ausführlicher dargestellt sind die Grundlagen und Methoden der Projekte in: Böttcher/Plath/Weishaupt 1997; Weishaupt 1998).

Unsere Analyse der Entwicklungsbedingungen der untersuchten Schulen in Thüringen orientierte sich an dem spannungsreichen Verhältnis von Struktur- und Einstellungswandel, das sich in den neuen Ländern in besonderer Weise darstellt und für die weitere Schulentwicklung bestimmend sein dürfte. Die Entwicklungsbedingungen der untersuchten Schulen sind im Zusammenhang zu sehen mit dem Umgestaltungsprozeß der gesamten Gesellschaft in den neuen Ländern. Dadurch ergeben sich heute vielfältige und komplexe Ungleichzeitigkeiten, weil der Wandel von Einstellungen und die Veränderungen des Bewußtseins nicht parallel verlaufen mit institutionellen Umstrukturierungen.

Solche Diskrepanzen zwischen neuen Strukturen und ‚altem' Bewußtsein sind auch im Schulwesen zu erwarten. Wir gingen deshalb davon aus, daß

- die Struktur und bildungspolitische Programmatik des DDR-Schulsystems und die damit verbundene Berufssozialisation der Lehrer,
- die Wahrnehmung und Bewertung der Struktur und bildungspolitischen Programmatik des westdeutschen Schulsystems und
- die Intentionen und konkreten Umsetzungsschritte des Neuaufbaus des Schulsystems in Thüringen nach der ‚Wende'

in den einzelschulischen Gestaltungsmaßnahmen zusammengeflossen sind. Die für uns zentrale Untersuchungsfrage war deshalb, wie die Kollegien und die Schulgemeinden jeweils spezifische frühere Schulerfahrungen und neue Aufgabenstellungen verbunden haben.

Die veränderten Vorgaben für die Entwicklung der Regelschule und des Gymnasiums lassen sich auf drei Problembereiche konzentrieren, die man als Aspekte der Lern-, Erziehungs- und Organisationskultur bezeichnen kann. In der folgenden Darstellung werden allgemeine Überlegungen zu den drei Bereichen mit einzelnen Ergebnissen unserer Untersuchungen an den Schulen verbunden.

1.1 Veränderte curriculare und didaktische Anforderungen für die Lehrer

Die Schulen arbeiten gegenwärtig nach neuen Lehrplänen, die nicht nur andere inhaltliche Schwerpunktsetzungen aufweisen und einen selbstbestimmten Umgang mit Unterrichtsinhalten verlangen, sondern auch in der Gestaltung des Unterrichts eine bis dahin unbekannte ‚Reflexionskultur'. Hinzu kommt für die Lehrer der POS, daß sie es gewohnt waren, mit leistungsheterogenen Lerngruppen zu arbeiten, während sie nun an Gymnasien mit einer positiv ausgelesenen Schülerschaft konfrontiert sind. Zugleich haben aber auch die Lerngruppen deutlich mehr Schüler.

Für die Lehrer, die früher an der EOS unterrichteten, ergibt sich eher das Problem, daß die Schüler des Gymnasiums hinsichtlich ihrer Lerneinstellung heterogener sind als die ihnen vertrauten Schüler (die EOS wurde nur von gut 10% des Altersjahrgangs besucht). Beide Lehrergruppen müssen sich am Gymnasium auf neue Altersbereiche von Schülern in ihrem Unterricht einstellen. Für die ehemaligen POS-Lehrer sind die Schüler im Kurssystem der gymnasialen Oberstufe eine ungewohnte Altersgruppe, während die EOS-Lehrer nicht an den Unterricht mit Schülern der gymnasialen Unter- und Mittelstufe gewöhnt sind.

Deutlich ist im Vergleich zwischen Regelschule und Gymnasium, daß die Regelschullehrer größere Probleme haben, ihr neues Selbstverständnis zu finden: Neben den veränderten fachlichen Anforderungen müssen sie sich auch weit stärker methodisch umstellen. An den Regelschulen fehlt die ‚Leistungsspitze', die den Unterrichtsverlauf in der POS häufig bestimmte. Eine leistungsgerechte Unterrichtsgestaltung für relativ leistungshomogene Lerngruppen ergibt sich daraus als neue Anforderung an die Lehrer. In den Gruppen des Hauptschulkurses und in den auf den Hauptschulabschluß bezogenen Klassen stellt sich dies als besonderes Problem dar. Für die Arbeit mit leistungshomogenen Lerngruppen auf dem Leistungsniveau der Hauptschüler können die Lehrer kaum ihre bisherige Berufserfahrung einbringen.

An allen Schulen (Regelschulen und Gymnasien) waren intensive Bemühungen der Lehrerinnen und Lehrer zu beobachten, sich für die neuartigen inhaltlichen Anforderungen im eigenen Fach und in neu hinzugekommenen Unterrichtsfächern über den gesetzlich festgelegten Zeiträumen für Weiterbildung hinaus zu qualifizieren. Im Rahmen von Fort- und Weiterbildungsmaßnahmen bemühten sie sich um Unterrichtserlaubnisse und -befähigungen. Ein nicht zu unterschätzender Beweggrund vieler Lehrer, sich für neue Unterrichtsinhalte zu qualifizieren, war

– das sollte man nicht vergessen – die Sicherung der eigenen beruflichen Existenz.

Gemeinsame Aktivitäten der Lehrerinnen und Lehrer, die zum Schulleben einer DDR-Schule gehörten, wie Wanderungen, Ausflüge, sportliche Aktivitäten, Feiern zum Jahres- bzw. Schuljahresende, erleichterten die Zusammenarbeit bei der Bewältigung der vielfäftigen neuen didaktischen und fachlichen Aufgaben. Einen wichtigen Beitrag leisteten auch die Fachschaften. In Regelschulen und Gymnasien besprechen die Lehrerinnen und Lehrer dort inhaltliche und pädagogische Fragen ihrer Fächer. Dabei können sie an die Tradition der Fachzirkelarbeit in der DDR-Schule anknüpfen. Da die einheitlichen Lehrplanvorgaben durch Rahmenvorgaben ersetzt wurden, erachteten es die Fachkollegen beider Schularten für dringend notwendig, schulinterne Absprachen über die Inhalte einzelner Fächer sowie Fragen der Bewertung in Fachkonferenzen abzusprechen. Aus der Sicht der befragten Lehrerinnen und Lehrer kommt den Fachkonferenzen heute deutlich mehr Bedeutung zu. Eine der wichtigsten Aufgaben der Fachkonferenzen ist es, die für Schüler und Eltern so wichtige Vergleichbarkeit der Anforderungen von Kurs- und Klassenarbeiten und die unterschiedlichen Leistungsanforderungen zwischen dem Haupt- und Realschulzweig der Regelschule zu gewährleisten. Aufgrund der Größe des Kollegiums sind die Fachschaften für die Lehrer an Gymnasien gegenüber der Regelschule von größerer Bedeutung. Neben regelmäßigen Zusammenkünften in der Fachschaft treffen sich die Lehrer, die in einer Klassenstufe unterrichten, noch zu gesonderten Absprachen. Meist ist ein Nachmittag in der Woche an den Gymnasien für Konferenzen und Absprachen unter den Lehrern reserviert.

Die Ergebnisse der Befragung der Lehrer (s. Tabelle 1) lassen erkennen, daß sie inzwischen gut in ihren Kollegien integriert sind. Trotz der vielen Absprachen zwischen den Lehrern innerhalb des Kollegiums werden aber kaum unmittelbar auf den Unterricht bezogene Kooperationsformen (gemeinsamer Unterricht, Hospitationen etc.) praktiziert.

In der Schulentwicklungsforschung wird unterschieden zwischen der Schule als segmentierte Organisation, in der die Lehrer überwiegend als sogenannte ‚Einzelkämpfer‘ arbeiten, als sich kooperativ regulierende Organisation, in der es in größerem Umfang unterrichtsbezogene Absprachen und Zusammenarbeit gibt, und als lernende Organisation mit schulischen Vorhaben, die eng zusammenarbeitende Gruppen von Lehrern (Jahrgangsteams etc.) eigenständig bearbeiten (s. Marx/v. Ojen 1993). Während die segmentierte Organisationsform typisch ist für westdeutsche Schulen, gehören die von uns in Thüringen beobachteten Schulen mehrheitlich dem Typ der sich kooperativ regulierenden Schule an.

1.2. Gestaltung des Schullebens

Auch bei der Gestaltung des Schullebens wirkt sich die kooperative Arbeitsweise an den Schulen deutlich aus. Außerunterrichtliche Aktivitäten haben eine wichtige Bedeutung für die Prägung einer Schulkultur und die Selbstdarstellung gegenüber den Eltern und der Öffentlichkeit. Dabei stützen sich die Schulen weitgehend auf die Bereitschaft der Lehrer, in diesem Bereich zusätzliche, freiwillige Arbeit zu leisten. Bis heute sind die Lehrer fast ausnahmslos nicht verbeamtet. Dadurch stehen sie unter einem ständigen existenziellen Erfolgsdruck an den Schulen, der gegenwärtig noch ihr hohes außerunterrichtliches Engagement mit erhält.

An den von uns untersuchten Schulen sind Schulfeste, Theateraufführungen, gemeinsame Vorhaben zur Gestaltung der Schule, Arbeitsgemeinschaften am Nachmittag und Projektwochen wichtige unterrichtsergänzende Angebote. Alle untersuchten Schulen zeichnen sich durch das Bemühen aus, ‚identitätsstiftende' Veranstaltungen durchzuführen. Diese Veranstaltungen sollen auch nach außen wirken und das Bild der Schule in der Öffentlichkeit positiv beeinflussen. Über die öffentliche Vergabe von Preisen für besondere Schülerleistungen sind einige Gymnasien bestrebt, mit dem Schulleben nicht nur auf die Erziehungs-, sondern auch die Lernkultur positiv einzuwirken.

1.3. Prinzipien der Unterrichtsgestaltung

Das Bildungskonzept des DDR-Schulsystems kannte die Förderung der Individualität des Schülers nur im Sinne der Verantwortlichkeit für die Allgemeinheit und unterschied sich dadurch von dem auf Selbstentfaltung gerichteten Konzept der westdeutschen Pädagogik. Der Bildungsauftrag der DDR-Schulen war weiterhin „einem Erziehungsauftrag eingeordnet: der Entwicklung sozialistischer Persönlichkeiten. Er bestimmte nicht nur in hohem Maße das außerunterrichtliche Leben, sondern durchdrang auch als eindeutige weltanschauliche Belehrung den Unterricht." (Arbeitsgruppe Bildungsbericht 1994, S. 489) Kontrastierend dazu geht das Selbstverständnis der Schularten und insbesondere des Gymnasiums in Westdeutschland von einem funktionalen Unterschied zwischen Schule und Familie aus. „Von der Schule verlangt man zuallererst die Vermittlung von vielseitigem Wissen und Urteilsfähigkeit, während die Verantwortung für die Erziehungsaufgaben primär der Familie zugewiesen wird" (Arbeitsgruppe Bildungsbericht 1994, S.485).

Natürlich verzichteten die Lehrer nach der ‚Wende' auf die überwiegend als belastend empfundene weltanschauliche Belehrung der Schüler. Unsere Gespräche an den Schulen führten ansonsten aber zu der Einschätzung, daß sich an dem grundlegenden pädagogischen Selbstverständnis der Lehrer in den letzten Jahren wenig geändert hat. Im Erziehungs- und Leistungsanspruch gab es nicht die von uns erwarteten unterschiedlichen Auffassungen zwischen Regelschul- und Gymnasiallehrern. Die Mehrzahl unserer Interviewpartner waren unabhängig von der Schulart, in der sie tätig waren, der Meinung, daß Bildungs- und Erziehungsaufgaben vereinbart werden müssen bzw. sahen dies als selbstverständlichen Auftrag eines jeden Lehrers an.

Diese Aussagen werden gestützt durch die Befunde der beiden schriftlichen Lehrerbefragungen, die zunächst 1994 in den Regelschulen und ein Jahr später in den Gymnasien durchgeführt wurden (Tabelle 1). Beachtenswert ist, daß sich Lehrer beider Schularten in starkem Maße für einen ordnungsgemäßen Schulbetrieb verantwortlich fühlten (Selbstverantwortlichkeit des Lehrers), daß sie gleichermaßen hohe Leistungserwartungen an ihre Schüler hatten (Leistungsdruck), diese aber mit einer gleich großen Bereitschaft verbanden, ihre Schüler zu fördern und zu unterstützen (Förderungszentrierung). Daneben bemühten sie sich sehr stark darum, die Schüler in ihrer Persönlichkeitsentwicklung zu begleiten. Auch in der Betonung disziplinierten Verhaltens der Schüler zeigten sich keine nennenswerten Unterschiede.

Frappierend ist, wie ähnlich die Einstellungen der Lehrer in der Bewertung ihrer Bildungs- und Erziehungsaufgaben, trotz unterschiedlicher Schularten, noch 3 bis 4 Jahre nach den schulstrukturellen Veränderungen waren. Selbst innerhalb der Gymnasiallehrer konnten keine Unterschiede zwischen den Aussagen ehemaliger POS-Lehrer und ehemaliger EOS-Lehrer festgestellt werden. Dies läßt vermuten, daß sich allgemeine erziehungsleitende Vorstellungen sowie der hohe Leistungsanspruch der Lehrer an Thüringer Schulen nicht aus den unterschiedlichen Profilen und Zielstellungen der einzelnen Schularten, sondern aus der beruflichen Sozialisation der Lehrer auf der Grundlage der einheitlichen Ausbildung als Diplomlehrer herleiten.

Tabelle 1: Lehrereinschätzung zur Zusammmenarbeit im Kollegium, zum Lehrer-Schüler-Verhältnis und zu Problembereichen des Unterrichtsalltags im Vergleich von Regelschule und Gymnasium (Mittelwerte nach Dimensionen, Wertebereich 1-5, 1 = niedrig, 5 = hoch)

	Regelschule	Gymnasium
Zusammenarbeit im Kollegium		
Integration im Kollegium	3,8	3,8
Lehrerkooperation im Unterricht	1,8	1,5s
Lehrer-Schüler Verhältnis		
Selbstverantwortlichkeit des Lehrers (Lehrerengagement)	4,0	4,1
Schülerzentriertheit	3,8	3,7
Förderungszentrierung	3,7	3,6
Leistungsorientierung	3,5	3,6
Betonung disziplinierten Verhaltens (Disziplinierungsdruck)	3,7	3,9s
Problembereiche des Unterrichtsalltags		
Disziplin/Elternmitarbeit	3,4	2,7sss
Schulausstattung	3,1	3,2
Schülerorientierung	2,4	2,9sss
Lehrerbeanspruchung	2,4	2,7ss
Lehrerkonsens	1,8	2,1ss

Differenzen zwischen den Mittelwerten sind signifikant: $p < 0.05$ = s; $p < 0.01$ = ss; $p < 0.001$ = sss.

Die Einstellungen von Regelschul- und Gymnasiallehrern weichen dann stark voneinander ab, wenn nicht nach ihren pädagogischen Orientierungen, sondern nach Problembereichen des Unterrichtsalltags gefragt wird (s. Tabelle 1). Für die Regelschullehrer ist die Lernbereitschaft der Schüler und die Unterstützung der schulischen Bemühungen durch die Eltern ein besonderes Problem. An Gymnasien wird die Beanspruchung der Lehrer eher als Problem angegeben. Gymnasiallehrer sind auch unzufriedener mit ihren Möglichkeiten, auf die Bedürfnisse und Anliegen der Schüler einzugehen (Schülerorientierung). Die materielle Ausstattung der Schulen und die Lehr- und Lernmittelversorgung wird aber von beiden Lehrergruppen in gleichem Maße bemängelt. Hinsichtlich der untersuchten Problembereiche des Unterrichtsalltags gibt es ebenfalls große Unterschiede zwischen den einzelnen Schulen.

Zusammenfassend lassen sich die Ergebnisse unserer Schulerkundungen folgendermaßen charakterisieren: Nicht nur der schulstrukturelle Wandel, sondern auch die Entwicklung der einzelnen Schulen sind überraschend erfolgreich verlaufen. Wichtig war in diesem Zusammenhang, daß die administrativen und curricularen Vorgaben für die Arbeit an Gymnasien und Regelschulen in Thüringen den Lehrern und Kollegien die Möglichkeit geboten haben, an Vorerfahrungen und vertraute pädagogische Prinzipien anzuknüpfen. Einige dieser Vorgaben konnten hier nicht behandelt werden, sollen aber doch beispielhaft genannt werden: die Entscheidungsfreiheit an Regelschulen über die additive bzw. integrative Schulorganisation, das enge Fächerspektrum in der gymnasialen Oberstufe, das dem Vorverständnis von Abituranforderungen der Lehrer entgegenkam, die Fachschaften, die die ‚Fachzirkelarbeit' fortsetzten, die schulischen und außerunterrichtlichen Veranstaltungen, die in ähnlicher Weise eine POS bzw. EOS prägten und nicht zuletzt die Verbindung von Leistungsanspruch und erzieherischer Verantwortung.

Unter der Perspektive des Vergleichs mit westdeutschen Kollegien stellt sich die Frage, ob die Regelschulen und Gymnasien in Thüringen eigenständige Formen einer ‚pädagogischen Kultur' entwickelten, durch die sie sich von westdeutschen Schulkulturen in charakteristischer Weise unterscheiden. Aus unserer Sicht lassen sich wenigstens drei Bereiche erkennen:

- das in beiden Schularten erkennbare Interesse an der umfassenden Förderung der Schüler,
- die intensive Abstimmung innerhalb der Kollegien über fachliche, organisatorische und pädagogische Fragen des Schulalltages,
- das weitreichende Interesse an einer Gestaltung eines identitätsstiftenden außerunterrichtlichen Schullebens, in das auch gemeinsame Aktivitäten des Kollegiums eingeschlossen sind.

Im Blick auf die Regelschule muß dieses Ergebnis teilweise relativiert werden. Die Schulen weisen größere Unterschiede darin auf, wie sie sich mit den neuen Bedingungen auseinandersetzen. Insbesondere die von uns untersuchte Regelschule, deren Kollegium die ‚Wende' ohne großen personellen Austausch überstanden hatte, zeigte die Tendenz, an alten Gewohnheiten festzuhalten, die die Bewältigung der neuen Anforderungen erschwerten (Böttcher/Plath/Weishaupt 1995). Alles in allem ergibt sich aber dennoch ein positiver Eindruck von der Professionalität, mit der die Lehrerinnen und Lehrer in Thüringen den schulstrukturellen Wandel für die Gestaltung ihrer Schulen genutzt haben.

2. Künftige Probleme der Schulentwicklung

Nachfolgend wird der Blick von den gegenwärtigen Problemlagen der Schulen auf zukünftige Anforderungen gelenkt. Dieser Blick in die Zukunft ist deshalb unverzichtbar, weil die demographische Entwicklung die Schulen in wenigen Jahren erneut mit weitreichenden Veränderungen konfrontieren wird.

Der Verlauf der Geburtenentwicklung in den neuen Ländern seit 1990 soll mit drei Hinweisen auf Konsequenzen für die Schulen knapp dargestellt werden[2]: die Auswirkungen auf die Schulgröße, das regionale Schulstandortsystem und für den Lehrerbedarf bzw. die Lehrerbeschäftigung.

Der Geburtenrückgang in den neuen Bundesländern nach der sogenannten ‚Wende' ist historisch einmalig. Im Durchschnitt der neuen Länder (ohne Ost-Berlin) wurden 1993-1995 ca. 60% weniger Kinder als 1989 geboren. 1995 ist die Zahl der Geburten erstmals wieder um ca. 5% gestiegen; 1996 hat sich diese Tendenz fortgesetzt (s. Tabelle 2).

Als Ursache für den starken Geburtenrückgang ist die Vermeidung kritischer Lebensereignisse in der Phase des gesellschaftlichen Umbruchs anzusehen (Zapf/ Mau 1993). Die Annahmen über die weitere Geburtenentwicklung gehen von einer Angleichung an das westdeutsche Geburtenverhalten aus; Analysen der Geburtenentwicklung in den letzten Jahren in den neuen Ländern stützen diese Annahme. Aufgrund der Vorausschätzung des Statistischen Bundesamtes ist in den nächsten Jahren mit einem Geburtenanstieg bis auf zwei Drittel der Geburten von 1989 zu rechnen, nach 2010 werden die Geburtenzahlen erneut sinken, weil dann die Frauen der geburtenschwachen Jahrgänge nach der ‚Wende' ins gebärfähige Alter kommen.

Die Konsequenzen für das regionale Schulsystem stellt die folgende Tabelle am Beispiel von Mecklenburg-Vorpommern dar. Detaillierte Berechnungen zeigen, daß dort unter status-quo-Bedingungen nur noch in 38 % der Grundschulregionen und weniger als 20 Prozent der Hauptschulregionen (die Einzugsbereiche einer bzw. – in den Städten – mehrerer Grund- und Hauptschulen) auch nach dem Rückgang der Schülerzahlen die gegenwärtig geforderte Mindest-Jahrgangsbreite für die Einrichtung einer Grund- bzw. Hauptschulklasse noch erreichen werden (Tabelle 3). Ähnlich dramatisch ist die Entwicklung für die Gymnasien, wenn unterstellt wird, daß wenigstens 50 Schüler in der Eingangsklasse notwendig sind, um in der gymnasialen Oberstufe eine ausreichende Anzahl von Schülern für das Kurssystem zu erreichen. Von den Realschulregionen in Mecklenburg-Vorpommern werden immerhin noch etwas mehr als 30 Prozent die gegenwärtig geforderte Mindest-Jahrgangsbreite überschreiten.

Tabelle 2: Absolute und relative Geburtenentwicklung in den neuen Bundesländern (1989 = 100)

Jahr	Brandenburg abs.	Brandenburg rel.	Mecklenburg-Vorpommern abs.	Mecklenburg-Vorpommern rel.	Sachsen abs.	Sachsen rel.	Sachsen-Anhalt abs.	Sachsen-Anhalt rel.	Thüringen abs.	Thüringen rel.	Insgesamt ohne Ost-Berlin abs.	Insgesamt ohne Ost-Berlin rel.
1965	46000	139,4	37407	141,7	82526	147,7	53630	152,7	44900	142,1	264463	145,3
1970	36878	111,8	29004	109,9	71424	127,9	45278	128,9	39876	126,2	222460	122,2
1975	28990	87,9	24356	92,2	54723	98,0	32206	91,7	29775	94,2	170050	93,4
1980	40154	121,7	33096	125,3	71240	127,5	43089	122,7	40027	126,7	227606	125,1
1985	38824	117,7	30581	115,8	64377	115,3	40037	114,0	36674	116,1	210493	115,7
1986	37005	112,1	29803	112,9	62496	111,9	39375	112,1	36122	114,3	204801	112,5
1987	37576	113,9	30608	115,9	63358	113,4	39874	113,5	36144	114,4	207560	114,1
1988	35872	108,7	28495	107,9	60156	107,7	38462	109,5	34869	110,3	197854	108,7
1989	**32997**	**100,0**	**26403**	**100,0**	**55857**	**100,0**	**35128**	**100,0**	**31600**	**100,0**	**181985**	**100,0**
1990	29238	88,6	23503	89,0	49672	88,9	31837	90,6	28780	91,1	163030	89,6
1991	17215	52,2	13635	51,6	31278	56,0	19459	55,4	17470	55,3	99057	54,4
1992	13469	40,8	10875	41,2	25298	45,3	16284	46,4	14615	46,3	80541	44,3
1993	12238	37,1	9432	35,7	23423	41,9	14610	41,6	13307	42,1	73010	40,1
1994	12443	37,7	8932	33,8	22733	40,7	14280	40,7	12721	40,3	71109	39,1
1995	13494	40,9	9878	37,4	24004	43,0	14568	41,5	13788	43,6	75732	41,6
1996	13585	41,2	10886	41,2	26957	48,3	16014	45,6	14986	47,4	82428	45,3

Quelle: Statistische Jahrbücher 1991 bis 1995 der einzelnen Bundesländer, für 1995: vorläufige Angaben des Statistischen Bundesamtes; eigene Aufbereitung und Analyse

Die Konsequenzen der Bestandsgefährdung einzelner Standorte für das Schulnetz in der Sekundarstufe in Mecklenburg-Vorpommern wurden bisher nur für das Gymnasium berechnet. Konventionelle Verfahren der Schulentwicklungsplanung führen bei einer Mindest-Jahrgangsbreite von 48 Schülern zu nur noch 21 Gymnasialregionen. Es müßten 39 Gymnasien in Gemeinden geschlossen werden, die kein weiteres Gymnasialangebot haben. Wenn administrative Grenzen nicht beachtet werden, könnten die Gymnasiasten in 36 Regionen unterrichtet werden (Fickermann 1996a). Im Grundschulbereich sind weitreichende Einschnitte im Schulnetz nur zu vermeiden, wenn Schulen mit jahrgangsübergreifenden Klassen erlaubt werden (s. Fickermann/Weishaupt/Zedler 1997). Berechnungen für Thüringen ergaben, daß von den Gemeinden, die nur über eine Grundschule verfügen, ein Viertel in den nächsten Jahren ihre Grundschule verlieren werden, wenn an Jahrgangsklassen festgehalten wird (Kuthe/Zedler 1995, S. 76-77).

Bei den Schularten, die den Haupt- und Realschulbildungsgang gemeinsam anbieten, wird der Rückgang der Schülerzahlen zu Problemen der Binnenorganisation führen. Neue Verbundmodelle (auch mit gymnasialem Bildungsgang), Gesamtschulen, Progymnasien und Oberstufenzentren bieten sich als Organisationsmodelle für die Sekundarstufe an.

Tabelle 3: Entwicklung der Schulen allgemeinbildender Schularten in den Schulregionen[1] in Mecklenburg-Vorpommern nach Schüler-Jahrgangsbreite

Schularten und angenommene Mindest-Schülerzahl der Schülerjahrgänge		Gegenwärtige Situation	Situation nach dem gegenwärtig absehbaren Rückgang der Schülerzahlen
Grundschule		1992/93	2000/2001
(1. Schuljahr)	≤ 14	17	226
	> 14	346	137 (37,7%)
	Insges.	363	363
Hauptschule		1994/95	2006/07
(7.-9. Schuljahr)	≤	62	153
	> 12	126	35 (18,6%)
	Insges.	188	188
Realschule		1994/5	2004/05
(5. Schuljahr)	≤15	19	133
	>15	175	61 (31,4 %
	Insges.	194	194
Gymnasium		1993/94	2004/05
(5. Schuljahr)	≤ 50	2	48
	>50	58	12 (20,0%)
	Insges.	60	60

Der Rückgang der Schülerzahlen hat auch weitreichende Folgen für den Lehrerbedarf. Eine Modellrechnung der KMK von 1995 (Sekretariat der KMK 1995), die die Schüler-Lehrer-Relation von 1993 in den neuen Ländern bis 2010 konstant hält, führt zwischen 1996-2005 zu einem Lehrerüberhang, der sich bis 2000 auf die Grundschule und danach auf die Sekundarstufe 1 konzentriert. Zwischen 2005 und 2010 wird von einem Neueinstellungsbedarf von durchschnittlich jährlich 2000 Lehrern ausgegangen. Die KMK ist aber der Meinung, daß vorübergehend eine Verbesserung der Schüler-Lehrer-Relation hingenommen werden muß und von einer ‚Überbrückung' des Schülertals auszugehen ist (Sekretariat der KMK 1995, S.18). Der Vergleich zwischen der Schülerzahlenentwicklung, dem Lehrerrestbestand und den Modellrechnungen zum Lehrerbedarf verdeutlicht die Problematik (s. Tabelle 4): Bis 2005 verringert sich der Lehrerrestbestand langsamer als die Schülerzahlen. Dabei geht die KMK noch von zu optimistischen Annahmen über die Geburtenentwicklung aus.

Inzwischen haben die neuen Länder vertragliche Vereinbarungen mit den Lehrerverbänden geschlossen, die zeitweise Senkungen der Stundendeputate für einzelne Lehrämter bis auf 50 % erlauben, um die Entlassung von Lehrern zu vermeiden. Die Konsequenzen dieser Personalpolitik für die Schulen der neuen Länder dürften aber katastrophal sein. Voraussehbar sind überalterte Kollegien mit Lehrern, die nebenbei noch einer weiteren Beschäftigung nachgehen müssen, um ihre Familie zu ernähren. Wie soll im übrigen die Zusammenarbeit in einem Kollegium funktionieren, das überwiegend aus Teilzeitkräften besteht?

Tabelle 4: Vergleich der Entwicklung der Schülerzahlen und des Lehrerrestbestands in den neuen Bundesländern bis 2010

Jahr	1993	2000	2005	2010
Schülerzahlen	100	89,3	67,9	56,9
Lehrerrestbestand	100	95,2	70,9	50,0
Lehrerbestand 1993:	177.124			

Quelle: Sekretariat der KMK 1995, eigene Berechnungen

Zusammenfassend lassen sich unsere Erfahrungen an den untersuchten Schulen dahingehend generalisieren, daß die Lehrer in den neuen Ländern im Zusammenhang der Umstrukturierung des Schulwesens professionelle Kompetenzen gezeigt haben, mit denen sie auch die Herausforderungen durch den starken Schülerrückgang voraussichtlich bewältigen werden. Die Erfahrungen der letzten Jahre sollten genutzt und bei der Anpassung des Schulsystems an die verringerten Schülerzahlen wiederum auf eine ‚angepaßte' Entwicklungsstrategie gesetzt werden, die sich in Thüringen aus unserer Sicht bewährt hat. Die durch den Schülerzahlenrückgang notwendigen Strukturveränderungen im Schulwesen werden von den Lehrern nur dann umgesetzt, wenn ihnen ein Gestaltungsraum an den Schulen bleibt und die schulpolitischen Vorgaben für sie nachvollziehbar und akzeptierbar sind. Dabei sei abschließend daran erinnert, daß die Gestaltung des schulstrukturellen Wandels in den letzten Jahren weitgehend den Schulen überlassen blieb, weil die Schulaufsicht sich noch im Aufbau befand. Ob es der nun auch in den neuen Ländern gefestigten Schulverwaltung gelingt, in Zukunft Vertrauen in die Gestaltungskraft der einzelnen Schulen zu setzen und die Lehrer entscheidend an den schulstrukturellen Veränderungen zu beteiligen, werden die nächsten Jahre zeigen. Es bleibt nur zu hoffen.

Anmerkungen:

1) Schulregionen sind im ländlichen Raum die Einzugsbereiche einer Schule der jeweiligen Schulart. In den Städten wurden die Einzugsbereiche mehrerer Schulen zu einer Schulregion zusammengefaßt. Quelle: Fickermann 1996b, S.207 u. 208, 1996a

2) Zurückgreifen werde ich dabei auf mehrere Untersuchungen, die am Institut für Allgemeine Erziehunswissenschaft und Empirische Bildungsforschung der Pädogischen Hochschule Erfurt durchgeführt wurden. Insbesondere beziehe ich mich auf ein für das Thüringer Kultusministerium erstelltes Gutachten zu den Auswirkungen des Bevölkerungsrückgangs für die Grundschule (Kuthe/Zedler 1995) und auf Ergebnisse von Untersuchungen zur regionalen Schulentwicklung in Mecklenburg-Vorpommem. (Fickermann 1996, 1997).

Literatur

Arbeitsgruppe Bildungsbericht AM MPI: Das Bildungswesen in der Bundesrepublik Deutschland, Reinbek: Rowohlt 1994

Böttcher I./Plath, M./Weishaupt, H.: Die Regelschule in Thüringen. Drei Schulporträts (Materialien Heft 11), Arnstadt: Thüringer Institut für Lehrerfortbildung, Lehrplanentwicklung und Medien 1995

Böttcher, I./Plath, M./Weishaupt, H.: Gymnasien in Thüringen. Vier Fallstudein (Materialien Heft 18), Bad Berka: Thüringer Institut für Lehrerfortbildung, Lehrplanentwicklung und Medien 1997

Böttcher, I./Plath, M./Weishaupt, H.: Schulstruktur und Schulgestaltung. Die innere Entwicklung von Regelschulen und Gymnasien – Ein Vergleich, in: Tenorth, H.- E. (Hrsg.): Kindheit, Jugend und Bildungsarbeit im Wandel. Ergebnisse der Transformationsforschung. (Zeitschrift für Pädagogik. 37. Beiheft), Weinheim: Beltz 1997, S.161-181

Fickermann, D.: Entwicklung der Schulnetze in den neuen Bundesländern bei sinkenden Geburtenzahlen, in: Deutsche Gesellschaft für Bildungsverwaltung (Hrsg.): Bildung auf dem Lande - Ein fast vergessenes Thema. Dokumentation der DGBV-Fachtagung vom 11 bis 12. Mai 1996 in Wadersloh (im Druck)

Fickermann, D.: Geburtenentwicklung und Bildungsbeteiligung – Konsequenzen für die Schulentwicklung in Mecklenburg-Vorpommern, in: Heisper, W./ Krüger, H.-H., Wenzel, H. (Hrsg.): Schule und Gesellschaft im Umbruch. Band 2: Trends und Perspektiven der Schulentwicklung in Ostdeutschland. Weinheim 1996, S.193-224

Fickermann, D./Weishaupt, H./Zedler, P. (Hrsg.): Kleine Grundschulen. Dokumentation der Fachtagung am 6./7. Mai 1996 in Spornitz. (Forum Heft 3), Bad Berka: Thüringer Institut für Lehrerfortbildung, Lehrplanentwicklung und Medien 1997

Kuthe, M./Zedler, P.: Entwicklung der Thüringer Grundschulen. Gutachten im Auftrag des Thüringer Kultusministeriums, Erfurt 1995

Marx, E.C.H./v. Ojen, Q.H.J.M.: Dezentralisation, Deregulierung und Autonomisierung im niederländischen Schulsystem, in: Posch, P./Altrichter, H.: Schulautonomie in Österreich. (Bildungsforschung, Bd. 1), Wien: Bundesministerium für Unterricht und Kultus 1993, S.162-185

Sekretariat der Ständigen Konferenz der Kultusminister der Länder. Amtschefkommission „Sicherung der Leistungsfähigkeit der Schulen“: Sicherung der Leistungsfähigkeit der Schulen in einer Phase anhaltender Haushaltsenge. Stellungnahme der Kultusministerkonferenz vom 8. September 1995. Bonn 1995. (hekt. Vervielf.)

Weishaupt, H./Zedler, P.: Aspekte der aktuellen Schulentwicklung in den neuen Ländern, in: Rolff, H.-G. u. a. (Hrsg.): Jahrbuch der Schulentwicklung Band 8. Daten, Beispiele und Perspektiven. Weinheim/München 1994, S.395-429

Weishaupt, H./Köhler, G.: Schulleitung in Thüringen: Auf dem Weg zur Gestaltung einer neuen Schulstruktur, in: Zedler, P./ Weishaupt, H. (Hrsg.): Umbruch und Kontinuität -Thüringer Schulen im Urteil von Schülern, Lehrern und Eltern, Weinheim 1997 (in Vorbereitung)

Weishaupt, H.: Determinanten der Bewertung des schulstrukturellen Wandels in Thüringen durch Lehrer und Eltern, in: Möller, R./Abel J./Neubauer, G./ Treumann, K.-P. (Hrsg.): Kindheit, Familie und Jugend. Ergebnisse empirischer pädagogischer Forschung. Bielefeld: Waxmann 1996, S.88-100

Weishaupt, H.: Die Bewertung des schulstrukturellen Wandels durch Lehrer und Eltern, in: Weishaupt, Horst / Peter Zedler (Hrsg.): Umbruch und Kontinuität – Thüringer Schulen im Urteil von Schülern, Lehrern und Eltern, Weinheim:

Dt. Studienverlag 1998 (im Druck)

Zapf, W./Mau, S.: Eine demographische Revolution in Ostdeutschland? Dramatischer Rückgang von Geburten, Eheschließungen und Scheidungen, in: ISI. Informationsdienst Soziale Indikatoren (1993), H. 10, S.1-5

Schulentwicklung in Ungarn im Geist der Jenaplan-Pädagogik

György Mikonya

1. *Einführung: Die Wende im ungarischen Unterrichtswesen*

Das Jahr 1990 brachte im Leben der ungarischen Gesellschaft eine entscheidende Änderung. Eine Epoche ging zu Ende: die staatlich-sozialistische Ordnung ist inzwischen Vergangenheit. Ungarn paßte sich den Ländern mit demokratischen Mehrparteiensystemen an und mußte damit auch die Bildungspolitik bis zu den Wurzeln umgestalten. Die Änderungen sind in folgenden Bereichen zu spüren:

1. Der Kreis der Schulträger hat sich durch private und kirchliche Schulen erweitert. In fast 1-2 Jahren entstanden zahlreiche neue bzw. alte-neue Schultypen, (z.B. Grundschule mit 9 und 10 Klassen, Gymnasium mit 4, 6 und 8 Klassen, Fachmittelschule mit 5 Jahren).
2. Die Proportionen der Schüler, die an den zum Abitur führenden Schulen weiterlernen, erhöhte sich von 47% auf 53%.
3. Die Fach- und Interessengremien der Pädagogen sind tätig und aktiv.

1.1. Die gesetzlichen Grundlagen des Schulpluralismus in Ungarn

Das Gesetz über das Unterrichtswesen von 1985 zeigte bereits schon zwei positive Züge:

1. Zum ersten Mal wurden (nach dem Jahre 1948) die Autonomie der Schulen und die Souveränität der Pädagogen gesetzlich deklariert.
2. Dieses Gesetz ermöglichte die Einführung von alternativen Lehrplänen, Curricula und Lehrbüchern, die Freiheit der Schulwahl und einen den persönlichen entwicklungspsychologischen Eigenschaften des Kindes angepaßten alternativen Schulbeginn.

Das nächste Schulgesetz, nun schon nach der Wende von 1993, sicherte die Integration des ungarischen Schulwesens in das neue Europa. Es wurden die Bedingungen für Schulfreiheit und -pluralismus deklariert:

- Die Eltern, die Schüler und auch die Lehrer bekamen neue Rechte. Die Eltern können beim Schulbesuch ihrer Kinder zwischen der staatlichen und nichtstaatlichen Schule (private, konfessionelle, muttersprachliche, alternative oder reformpädagogische Schulen und Kindergärten) entscheiden.
- Die Ungarische Republik schloß sich auch der UN Kinderkonvention „Die Rechte des Kindes“ (New York 1989) an.

Für die Schule bedeutet das, dem Anspruch der Schüler auf Persönlichkeitsentfaltung durch Lernen bei Achtung ihrer persönlichen Autonomie gerecht zu werden.

1.2. Einige aktuelle Initiativen im Geiste der Reformpädagogik in Ungarn

Die ersten Grundlagen zur Schulalternativität sowie zur Wiederkehr traditioneller reformpädagogischer Konzeptionen schuf das schon zitierte Unterrichtsgesetz im Jahre 1985. Schon in den folgenden Jahren vollzogen sich die ersten Adaptationen der Freinet- und Waldorfpädagogik (1988-89), dann der Montessori-Pädagogik (1991). Neben den Adaptationen dieser traditionellen reformpädagogischen Richtungen sind auch mehrere alternative Kindergärten und Schulinitiativen in Ungarn entstanden. Nach einer Statistik von 1997 ergibt sich jetzt in Ungarn die folgende Situation:

insgesamt	1990/91	1994/95	1996/97
Schulen	10.025	10.727	10.727
Schüler	2.075.3/T/	1.946.8 /T/	1.923.2 /T/
Lehrer	166.1 /T/	169.5 /T/	161.7 /T/
Kirchenschulen	119	208	277
Schüler	22.884	41.561	55.124
Lehrer	1855	3546	4830
Alternativ,-Privat- und Stiftungsschulen	93	137	295
Schüler	8.180	16.769	29.157
Lehrer	873	1.554	2.668

Köznevelés, 1997. 28.sz

Mitte der achtziger Jahre wurde zuerst die *Freinet-Pädagogik* in Ungarn adaptiert. Die ungarische Freinet-Bewegung wurde, von der Basis ausgehend, durch praktizierende Pädagogen ins Leben gerufen, nachdem die erste Freinet-Werkstatt im Jahre 1988 gegründet wurde. Mit dieser und weiteren neuen Initiativen werden ca. 500 Kindergärtnerinnen und Grundschullehrer erreicht. Seit Jahren werden entsprechende Fachvorträge und Sommerkurse zur Weiterbildung organisiert. Zur Zeit arbeiten schon mehrere Dutzend Kindergartengruppen und Schulklassen in Ungarn im Geist der Freinet-Pädagogik. Im Jahre 1990 wurde eine Freinet-Stiftung gegründet, deren Hauptziele die Bekanntmachung und Verbreitung der Freinet-Methoden und die Unterstützung der Tätigkeit sowie die Verbreitung anderer pädagogischen Alternativen sind.

Die *Waldorf-Initiativen* in Ungarn gingen von der Gründung des ersten Waldorf-Kindergartens in Solymär im September 1988 aus. Das Gebäude des Kindergartens hat der ungarische Architekt Imre Makovecz, eine der bekanntesten Persönlichkeiten der organischen Baukunst, geplant und gebaut. In den folgenden Jahren wurden weitere Waldorf-Kindergärten (in Györ, in Särospatak, in Gödöllö usw.) eingerichtet. Zur Zeit arbeiten mehrere Dutzend Kindergärten in Ungarn im Geist von Rudolf Steiner. Im Jahre 1989 wurde die sogenannte „Török Sändor“-Stiftung für Waldorf-Pädagogik gegründet, die eine ähnliche Rolle wie die Freinet-Stiftung spielt. Die erste Waldorfschule in Ungarn wurde – wie der erste Kindergarten – auch in Solymär gegründet, bald nahmen weitere Waldorfschulen so z.B. in Dunakeszi, Pesthidegküt, Budaörs, Gödöllö, Miskolc-Felsöhámor ihre Tätigkeit auf.

Im März 1991 wurde die erste neue *Montessori*-Initiative, die sog. „Budapester Montessori-Gesellschaft“ ins Leben gerufen, deren MitarbeiterInnen schon in diesem Jahr in Budapest, im Stadtviertel Csepel, ihr Montessori-Zentrum mit Grundschule gegründet haben. Ebenso nahm auch der erste Montessori-Kindergarten seine Arbeit auf. Die Mitglieder der Gesellschaft verbreiten die Montessori-Literatur und -Methoden in Ungarn. Zu diesem Zweck haben sie ein Kinderhaus gegründet, in dem sie kindzentrierten Unterricht mit 3- bis 10-jährigen Kindern durchführen. Das Institut fungiert im Rahmen einer Stiftung unter dem Namen Montessori- Ausbildungszentrum.

In Zusammenarbeit mit unserem Lehrstuhl für Erziehungswissenschaften wurde im Januar 1995 an der Pädagogischen Fakultät der Eötvös-Universität die Montessori-Pädagogik in die Ausbildung einbezogen. Im Jahre 1992 wurde auch die „Ungarische Montessori-Gesellschaft“ neu gegründet.

2. Die Rolle der Dokumentations-und Forschungsstelle für Alternativ- und Reformpädagogik an der Pädagogischen Fakultät der Eötvös-Universität in Budapest in der Adaptation von Jenaplan-Pädagogik

Der Lehrstuhl für Erziehungswissenschaften an der Pädagogischen Fakultät der Universität beschäftigt sich schon seit Anfang der neunziger Jahre unter der Leitung von Prof. Dr. András Németh mit den theoretischen und praktischen Fragen der Reformpädagogik. Für die Vertiefung und Systematisierung dieser wissenschaftlichen Tätigkeit wurde unter der Schirmherrschaft des Lehrstuhls im Jahre 1994 eine Dokumentations-und Forschungsstelle eingerichtet.

Die wichtigsten Aktivitäten und Forschungsprojekte der Forschungsstelle im Rahmen internationaler Kontakte sind:

a) Sammlung und Systematisierung von Forschungs- und schulischen Arbeitsdokumenten, Sammlung von wissenschaftlicher Literatur der Reformpädagogik.
b) Im Rahmen staatlich finanzierter Projekte z.B. Forschungen zur historischen und vergleichenden Analyse der Reformpädagogik.
c) Persönliche Beteiligung von Prof. Dr. András Németh in der internationalen Forschungsgruppe EuroSeminar Schulpluralismus.
d) Zusammenarbeit mit der Forschungsstelle an der Justus-Liebig-Universität in Gießen (Prof. T. F. Klassen und M. S. Stubenrauch).
e) Zusammenarbeit mit der an der Universität Flensburg arbeitenden Dokumentations- und Forschungstelle für Alternativ- und Reformpädagogik in Europa (Prof. E. Skiera).
f) Teilnahme an den von anderen deutschen Institutionen (Universität Magdeburg Prof. R. Golz und Universität Greifswald Prof. A. Pehnke) initiierten Forschungen zum Thema der Schulalternativität in den ehemaligen sozialistischen Ländern.

2.1 Die Schwerpunkte der Adaptation der Jenaplan-Pädagogik in Ungarn

Mit Hilfe und wissenschaftlicher Unterstützung der o.g. Dokumentations- und Forschungstelle wurde im Jahre 1995 der ‚Reformpädagogische Verein' in Ungarn gegründet. Unter seiner Schirmherrschaft begann die erste Jenaplan-Arbeitsgruppe ihre Tätigkeit mit dem Ziel, die Bedeutung der kindzentrierten Erziehung hervorzuheben, und vor allem die Theorie und Praxis der Jenaplan-Pädagogik von Peter Petersen zu pflegen und zu verbreiten. Die Initiative zur Gründung ging von Professor Dr. András Németh aus. Durch seine Kontakte zur Jenaplan-Forschungsstelle in Giessen und zur Hochschule in Flensburg konnten wir Experten aus Deutschland zu den Vorlesungen einladen. Für uns war es sehr wichtig, Informationen aus erster Hand bekommen.

Die Mitglieder des Vereins sind Wissenschaftler von der Hochschule, Gymnasial-und Grundschullehrer, Kindergartenerzieherinnen, Studenten und auch interessierte Eltern. Der Verein interessiert sich nicht nur für die Jenaplan-Pädagogik, sondern auch für andere Bereiche der Reformpädagogik. Die Jenaplan-Pädagogik ist vor allem wegen ihrer Flexibilitat sehr wichtig; mit ihrer Hilfe ist es besonders gut möglich, das Interesse an der Refompädagogik zu wecken.

Die Tätigkeit der Dokumentations- und Forschungsstelle wird auf mehreren Gebieten ausgeübt:

- Ausgabe und Verbreitung von reformpädagogischer Literatur. In den früheren 45er Jahren wurde in diesem Bereich vieles vernachlässigt. Wir haben mit kleineren Artikeln begonnen und nur wenig Zeit dafür gehabt. Am Ende dieses Jahres erscheint auch zum ersten Mal „Der kleine Jenaplan" von Peter Petersen in ungarischer Sprache.

- Koordination der Jenaplan-Initiativen in Ungarn im Rahmen der Zusammenarbeit mit Hochschulen für die Grundschullehrerausbildung (Nagykörös, Baja, Szekszárd).
- Die Organisation von Konferenzen, Aus- und Weiterbildungskursen für Pädagogen in der Praxis. Unsere Kurse sind vor allem deswegen populär, weil wir die besten Experten zu Vorlesungen einladen. Ab 1997 ist es möglich, im Rahmen der Lehrerweiterbildung mit einem 300-Stunden-Programm zu beginnen. Die Teilnehmer werden die Möglichkeit haben, die internationalen und auch die einheimischen Strömungen der Refompädagogik unter Berücksichtigung verschiedener Perspektiven (Erziehungs- und Kulturgeschichte, Psychologie, Soziologie, Anthropologie) kennenzulernen.
- Unterstützung von Schulen, Lehrer- und Elterninitiativen. Die Dokumentations- und Forschungsstelle am Lehrstuhl für Erziehungswissenschaft an der Pädagogischen Fakultät der Eötvös-Loránd-Universität in Budapest ist für alle zugänglich. Es ist auch möglich, Lehrmaterial auszuleihen und zu kopieren. Wir sind auch offen für neue selbstentwickelte Methoden.
- Organisation von Spezialkursen an den Hochschulen und Universitäten mit der Zielsetzung, die Ergebnisse der Reformpädagogik in die Lehrerausbildungsprogramme einzubeziehen. Dadurch hat man eine gute Möglichkeit für die Erweiterung der Fähigkeiten und Fertigkeiten der Studenten.
- Weiterführung und Neugründung von Reformschulen im Geist der Jenaplan-Pädagogik. Zur Zeit sind vier verschiedene Arten von Schulen an unserem Programm interessiert. So die Lenhossék-Schule, wo der Anteil der Zigeunerkinder sehr hoch ist (60 %), eine Dorfschule in Perbál mit Interesse für Deutschunterricht als Minderheitssprache, auch eine kleine Dorfschule in Csempeszkopács (in der Nähe der österreichischen Grenze) und die Übungsschule der reformierten Hochschule für Grundschullehrerbildung in Nagykörös (eine streng kalvinistische Grundschule), die ihre Effektivität mit Hilfe der Jenapla-Pädagogik erhöhen will.

2.2. Erfahrungen und Schwierigkeiten in der bisherigen Adaptationstätigkeit

Eine Adaptation beginnt immer damit, daß einige von den Lehrern etwas anders machen wollen, aber sie wissen noch nicht genau was und wie. Wenn irgendwer von der Schulleitung ähnlich denkt, ist es leichter, mit einem Programm zu starten. In diesem Fall ist es unsere erste Aufgabe, mit Hilfe von Demonstration, Konsultation und Beratung zur Verfügung zu stehen und den Weg zum Denken im reformpädagogischen Sinne vorzubereiten. Falls die Schule noch interessiert bleibt, kommt ein erster Versuch, zum Beispiel die Organisation einer Projektwoche im Sinne des Jenaplans. So können die Pädagogen und Schüler Erfahrungen sammeln und dadurch wird es auch leichter, später Entscheidungen zu treffen. Die Arbeit im Sinne des Jenaplans wird dann Schritt für Schritt eingeführt. Im allgemeinen beginnt damit nur ein Teil der Schule, meistens die Unterstufe. Am einfachsten ist es, Änderungen in der Einrichtung des Klassenzimmers durchzuführen. Der nächste Schritt – die Schüler an Gruppenarbeit zu gewöhnen – ist schon mühsamer. Typische Probleme in dieser Phase: die Schüler sind zwar in einer Gruppe, aber sie arbeiten allein, oft fragen sie sogar, ob es ein Problem ist, wenn sie etwas von dem Heft des Nachbarn abschreiben. Die Gruppenbildung im Sinne von Peter Petersen ist am Anfang noch nicht möglich.

Auch mit den Eltern gibt es Schwierigkeiten. Sie wollen, daß sich alles ändern soll, aber die Zeugnisse sollen schon bleiben usw. Andererseits sind die Eltern aber auch sehr hilfsbereit, wenn sie z.B. die Möglichkeit erhalten, am Unterricht teilzunehmen, berichten sie über ihren Beruf, ihr Hobby usw..

Das Abschaffen der Verwendung von Lehrbüchern ist auch nicht möglich. Die Schulbücher werden immer besser, man kann sie sehr gut verwenden.

Einige Bemerkungen von Schülern und Lehrern, die nach dem Jenaplan arbeiten:

- Was bedeutet für dich das Wort ‚feiern'? – frage ich einen Schüler. Wie selbstverständlich kommt die Antwort. – Feiern bedeutet, daß wir mit einer Arbeit fertig sind.
- Kinder von der Normalschule antworteten: feiern ist, wenn man festlich bekleidet zur Schule muß. Und der Unterschied zwischen den Antworten, das ist eben Reformpädagogik.
- Was halten Sie vom Jenaplan? – frage ich eine Lehrerin.
  - Ich fühle mich wohl und frei, weil ich nicht gezwungen bin, die Ideen von Peter Petersen automatisch zu verfolgen. Es bleibt für mich ein Freiraum, wo ich meine eigenen Fähigkeiten zum Ausdruck bringen kann.
- Was bedeutet der Jenaplan für die Schüler?
  - Ob sie mehr oder weniger wissen als die anderen Schüler, das weiß ich nicht, aber ich bin sicher, wenn meine Schüler eine Aufgabe bekommen, dann werden sie nicht ratlos nebeneinander stehen, sondern sie kommen in ein Gespräch miteinander, weil sie gelernt haben, zusammenzuarbeiten.

Die Rolle von Schulversuchen in Thüringen

Christina Kindervater

Ich wurde gebeten, im Rahmen der heutigen Veranstaltung über die Rolle von Schulversuchen für die Thüringer Schulentwicklung zu sprechen. Gestatten Sie auch mir bitte einen kurzen historischen Rückblick, denn Entwicklung ist nur dann beschreibbar, wenn der Bezug zu einem Ausgangspunkt möglich ist.

Der Zeitrahmen, über den bei Thüringer Schulentwicklung zu sprechen ist, umfaßt einen für schulische Entwicklungsprozesse äußerst geringen Zeitraum: nur 7 oder 8 Jahre. Ob man für das Alter des Thüringer Schulsystems 7 oder 8 Jahre annimmt, hängt davon ab, wann man die Stunde 0 für unser neues Schulwesen setzt. Amtlich korrekt wäre es zu sagen, daß der offizielle Beginn des Thüringer Schulwesens mit dem Termin 25. März 1991, der Verabschiedung des Vorläufigen Thüringer Bildungsgesetzes durch den Thüringer Landtag, festzulegen ist. Im Gefühl und im Verständnis der Thüringer begann jedoch alles Neue und somit auch die neue Schule mit der ‚Wende' im Herbst 1989.

Auf der Abbildung sehen Sie den Ausgangspunkt unseres Schulsystems, das DDR-Schulsystem, abgebildet (vgl. Abbildung 1), das einige Parallelen zum sozialistischen Schulsystem im früheren Ungarn aufweist.

Alles Neue begann mit der ‚Wende'. Eine ‚Wende', die es vielleicht in der Weltgeschichte nicht so früh gegeben hätte, wenn nicht ein Land wie Ungarn im Sommer 1989 über seine Grenzen die Ausreise von Ostdeutschen in den Westen ermöglicht hätte. Wenn wir heute über Thüringer Schulentwicklung sprechen können, dann sollten wir dies auch mit einem Dank an alle verbinden, die uns diese Entwicklung ermöglicht haben. Dies ist insbesondere ein Dank an die westdeutschen Partnerländer wie Rheinland-Pfalz und Bayern, die beim Aufbau der neuen Thüringer Schule konkret halfen. Dank gilt aber auch Ihrem Land Ungarn, sehr geehrte Gäste, welches diese Entwicklung für uns mit ermöglichte.

Thüringer Schulentwicklung beginnt somit schon im Herbst 1989. Aufgrund der Erfahrungen mit einem Erziehungssystem, das versucht hatte, Bildung und Erziehung zu einem Instrument der Umerziehung und Formung des sogenannten sozialistischen Menschen zu machen, wurde das Schulwesen in der ‚Wendezeit' ein Hauptgegenstand der öffentlichen Kritik. Nach der weitgehenden politischen Vereinnahmung des Bildungswesens durch die SED waren Forderungen nach radikalen inhaltlichen, personellen und strukturellen Reformen weit verbreitet.

Die Ablösung der Einheitsschule durch ein förderal differenziertes und nach Typen gegliedertes Schulwesen war mit zahlreichen Problemen verbunden, welche in einem Zeitraum von nur wenigen Monaten (vom März 1991 bis zum Beginn des neuen Schuljahres im September 1991) grundsätzlich zu lösen waren.

Dazu zählten die Standortplanung, die Zuordnung von Schülern und Lehrern zu den neuen Schularten, die Bereitstellung von ausreichend Lehrern für die neuen Unterrichtsfächer z. B. für neue Fremdsprachenangebote, für Sozialkunde oder für den Religions- und Ethikunterricht, die Verfügbarkeit von Schulgebäuden mit einer ausreichenden Anzahl von Unterrichtsräumen, die Information der Eltern und Schüler über die neuen Schularten, Übergänge und Abschlüsse, die fachliche und politische Überprüfung des Lehrpersonals, die kurzfristige Bereitstellung neuer Lehr- und Lernmittel in großer Zahl für fast alle Fächer, die Ausarbeitung neuer ideologiefreier Lerninhalte (die Ablösung der DDR-Lehrpläne durch Vorläufige Lehrplanhinweise zum Beginn des Schuljahres 1991/92) sowie der Aufbau neuer Schulverwaltungen.

Die Änderungen im Schulsystem waren quantitativ und qualitativ so einschneidend, daß in dieser Zeit das heute schon fast geflügelte Wort geprägt wurde: ‚Ganz Thüringen ist ein großer Schulversuch'. Wie berechtigt diese Bezeichnung ist, zeigen bereits die einschneidenden strukturellen Veränderungen im Thüringer Schulwesen (vgl. Abbildung 2).

Im Gegensatz zum überwundenen sozialistischen Bildungssystem, das massiv durch Uniformität geprägt war, setzte das neue Thüringer Schulwesen auf die individuelle Vielfalt der Einzelschulen. Schulentwicklung in Thüringen bedeutet, daß jede einzelne Schulart und Schulform im Rahmen allgemeiner Vorgaben den notwendigen Freiraum hat, um ihren eigenen Weg zu finden.

Daß ein von Grund auf erneuertes Schulsystem von Anfang an die rechtlichen Möglichkeiten für Erprobungen von systemischen Abweichungen eröffnet, indem es die Einrichtung von Schulversuchen auf Antrag der Schulkonferenzen der Schulen einräumte, belegt den Charakter des neuen Thüringer Bildungswesens als ein für Schulentwicklungsprozesse offenes Schulwesen (Auszug aus § 12 des Thüringer Schulgesetzes vom 06. August 1993: „(1) Durch Schulversuche soll die Weiterentwicklung des Schulwesens gefördert werden. Schulversuche werden an besonderen Versuchsschulen durchgeführt... Schulversuche müssen nach Anlage, Inhalt und Durchführung geeignet sein, neue Erkenntnisse über Organisationsformen des Unterrichts und über die Erziehung in den Schulen einschließlich neuer Schularten zu vermitteln oder zu sichern oder wesentliche inhaltliche Änderungen zu erproben").

Das Thüringer Kultusministerium förderte und fördert besondere Ansätze für Schulentwicklung mit der Entscheidung, Versuche an Schulen einzurichten.

Rein formal sind durch das Thüringer Kultusministerium anerkannte Versuche an Thüringer Schulen in drei Kategorien zu unterteilen:

- in Projekte zur Schulentwicklung,
- Schulversuche und
- BLK-Modellversuche (Modellversuche der Bund-Länder-Kommission für Bil-

dungsplanung und Forschungsförderung).

Projekte zur Schulentwicklung:
Sie dienen der Gewinnung und Erprobung neuer pädagogischer, didaktisch-methodischer oder schulorganisatorischer Erkenntnisse.

Projekte zur Schulentwicklung sind zeitlich befristete Maßnahmen im Rahmen des regulären Schulwesens. Sie können auf die Umsetzung unterschiedlicher Bildungs- und Erziehungsinhalte gerichtet sein; z. B. sind die Erprobung des Einsatzes neuer Medien im Unterricht, Formen der Zusammenarbeit zwischen Grundschulen, Regelschulen, Gymnasien, Gesamtschulen, berufsbildenden Schulen und Förderschulen im unterrichtlichen Bereich, das Erproben von fächerübergreifendem Arbeiten o.ä. mögliche Inhalte von Projekten zur Schulentwicklung.

Projekte zur Schulentwicklung bedürfen in der Regel keiner Genehmigung zur Durchführung und keiner wissenschaftlichen Begleitung, da sie sich im vorhandenen rechtlichen Rahmen bewegen, der Umfang der Erprobung im Vergleich zu Schulversuchen begrenzt ist und die Dokumentation und Bewertung des Vorhabens durch die Schulpraktiker selbst leistbar sind.

Die Erprobungsergebnisse sind in Dokumentationen oder Beiträgen in Fortbildungsveranstaltungen für Lehrer auf Landes- oder regionaler Ebene anderen Thüringer Schulen zugänglich zu machen.

Schulversuche:
Schulversuche dienen der Gewinnung und praktischen Erprobung neuer pädagogischer, didaktisch-methodischer oder schulorganisatorischer Erkenntnisse sowie besonderer Ausbildungsrichtungen, Schulformen und Schularten. Schulversuche sind Maßnahmen zur Erprobung von Veränderungen in Aufbau und Gliederung oder Organisation des regulären Schulwesens sowie von Veränderungen und Ergänzungen der Stundentafeln und Lehrpläne oder der Unterrichtsinhalte in Thüringen.

Für Zeugnisse und Abschlüsse muß sichergestellt sein, daß sie den einschlägigen Vereinbarungen der Kultusministerkonferenz der Länder der Bundesrepublik Deutschland (KMK) entsprechen. Gegebenenfalls ist die Zustimmung der KMK vor Beginn des Schulversuchs zu beantragen.

Der Inhalt der Erprobung ist nur auf der Grundlage einer genehmigten Abweichung vom vorhandenen rechtlichen Rahmen realisierbar.

Schulversuche bedürfen der wissenschaftlichen Begleitung, um gegebenenfalls aus Versuchsverlauf und Versuchsergebnissen Konsequenzen für das System ableiten zu können.

Die Laufzeit wird bestimmt durch den Versuchsinhalt.

In Zusammenarbeit zwischen den Versuchsschulen und deren wissenschaftlicher Begleitung, dem Thüringer Kultusministerium und dem Thüringer Institut für

Lehrerfortbildung, Lehrplanentwicklung und Medien (ThILLM) sind geeignete Bedingungen für den Transfer von sich bewährenden Versuchsaspekten bereits im Versuchsverlauf vorzubereiten.

BLK-Modellversuche:
Sie dienen der Weiterentwicklung des Schulwesens in der Bundesrepublik Deutschland und sind damit von länderübergreifendem Interesse. Durch sie soll zunächst in einem begrenztem Versuchsfeld und zeitlich befristet geprüft werden, ob und wie neue Inhalte, Unterrichtsverfahren oder Organisationssstrukturen den Erziehungs- und Lernprozeß verbessern und welche didaktisch-methodischen, organisatorischen, personellen und finanziellen Voraussetzungen dafür erforderlich sind.

Ziel ist es, die aus den Versuchen gewonnenen Ergebnisse und Erkenntnisse ihrer Bedeutung gemäß in das Thüringer Schulwesen einzubeziehen.

Sie werden in jedem Fall wissenschaftlich begleitet.

In den nachfolgenden Ausführungen beschränke ich mich auf die Darstellung der Bedeutung von Projekten zur Schulentwickung und von Schulversuchen für die Thüringer Schulentwicklung, soweit dies für den kurzen Zeitabschnitt der Thüringer Schulentwicklung möglich ist.

Im Jahr 1997 zeichnen sich rückblickend drei inhaltliche Dimensionen in der Weiterentwicklung des Thüringer Schulwesens durch genehmigte Versuche an Schulen ab:

1. Schulversuche, die an reformpädagogische Traditionen Thüringens anknüpfen:

Schulversuch zur Jenaplan-Pädagogik an den staatlichen Versuchsschulen:
Jenaplan-Schule Jena, Ziegenhainer Str. 52, 07749 Jena (Staatliche Grund- und Regelschule bis Klassenstufe 10, genehmigt ab dem Schuljahr 1991/92), Jenaplan-Schule Suhl, Am Hoheloh 1, 98527 Suhl (Staatliche Grund- und Regelschule bis Klassenstufe 6, genehmigt ab dem Schuljahr 1993/94), Schulversuch Jenaplan an der Staatlichen Grundschule „Christoph Martin Wieland“, Gropiusstr. 1, 99423 Weimar (Staatliche Grundschule bis Klassenstufe 4, genehmigt ab dem Schuljahr 1994/95).

Der Schulversuch entwickelt Ideen und Traditionen der Jenaer Reformpädagogik (Jenaplan-Pädagogik) fort, die vor allem mit dem Wirken des Erziehungswissenschaftlers Peter Petersen (1884-1952) verbunden sind.

Auszug aus den Versuchsinhalten:
Anstelle der Jahrgangsklasse wird mit altersgemischten Stammgruppen gearbeitet. Die traditionelle Form der Unterrichtsarbeit im Klassenverband wird ersetzt durch andere Unterrichtsformen wie das Kreisgespräch, die Arbeit in der Stammgruppe,

in Kursen oder durch die Feier.

Weitere Besonderheiten der Jenaplan-Versuchsarbeit sind u.a. zu finden in anderen Formen der Leistungsbewertung, in der räumlichen Ordnung des Schulgebäudes, im Morgenkreis, in der Wochenplan- und Projektarbeit, in dem Ganztagsangebot der Schulen, in der Zusammenarbeit mit den Eltern.

Schulversuch zur Reformpädagogik nach Hermann Lietz an der Versuchsschule Hermann-Lietz-Schule Haubinda, Stiftung 1, 98663 Haubinda.

Auszug aus dem Versuchsinhalt:
Der Versuch beinhaltet die Wiedereinrichtung einer Bildungseinrichtung, die auf den Grundsätzen der Lietzschen Reformpädagogik aufbaut und an die Traditionen der Landerziehungsheime mit ‚Schulstaat', ‚Heimfamilie', ‚Gilden', ‚Kapelle' u.a. anknüpft. Angestrebt wird die Einheit von Erziehung und Unterricht, von Schule und Internat, eingebunden in die Region und in die politische Gemeinde im Sinne der theoretisch und praktischorientierten ganzheitlichen Erziehung der Schüler, die Integration jedes einzelnen Schülers in eine Schulgemeinschaft, die humanistischen und demokratischen Grundsätzen verpflichtet ist, die demokratische Selbstbestimmung der Schulgemeinschaft, die Schaffung von Freiräumen für künstlerischmusische Erfahrungen sowie kreatives und praktisch erfahrbares Lernen, die Kooperation einer staatlichen Regelschule mit dem freien Träger des Heims, der Stiftung Landerziehungsheime.

2. Projekte zur Schulentwicklung und Schulversuche, die Auswirkungen der ‚Wende' bearbeiten

Projekt zur Schulentwicklung „Klassenstufenübergreifender Unterricht" an 16 Thüringer Grundschulen:
Seit 1990 ist in allen neuen Bundesländern ein außergewöhnlich starker Rückgang der Geburten zu verzeichnen. So betrugen z. B. die Schülerzahlen der Grundschule im Schuljahr 1994/95 noch 132 000 Schüler und werden im Schuljahr 2000/01 bei 65 000 Schülern liegen (vgl. Kuthe, Manfred/Zedler, Peter: Entwicklung der Thüringer Grundschulen. Gutachten im Auftrag des Thüringer Kultusministeriums. Erfurt 1995).

Das bedeutet für die Thüringer Schulentwicklung, daß die pädagogisch-didaktischen Möglichkeiten kleiner Schulen zunehmend in allen Schularten an Bedeutung gewinnen werden.

Das Projekt „Klassenstufenübergreifender Unterricht" an 16 Thüringer Grundschulen, das vom Thüringer Institut für Lehrerfortbildung, Lehrplanentwicklung und Medien im Auftrag des Thüringer Kultusministeriums durchgeführt wird, zielt auf die Erarbeitung, Erprobung und Evaluation organisatorischer, didaktisch-methodischer und pädagogischer Grundlagen altersgemischten Lehrens und

Lernens in kleinen und großen Grundschulen.

Schulversuch „Lobdeburgschule" an der Staatlichen Regelschule „Lobdeburgschule", Unter der Lobdeburg 4, 07747 Jena:
Ziel des Versuchs ist es, Möglichkeiten für die Gestaltung von kleinen Regelschulen zu erproben, sowie die im Schulversuch entwickelten didaktischen und pädagogischen Konzepte für die Nutzung durch andere Thüringer Regelschulen bereitzustellen. Eine Grundlage bei der Durchführung des Schulversuchs sind die verbindlichen Ziele und Inhalte der Thüringer Lehrpläne in der jeweils geltenden Fassung, welche für die Übergänge im Thüringer Schulwesen und für den Erwerb der schulischen Abschlüsse unverzichtbar sind. Die Stundentafel der Versuchsschule wird schrittweise in Richtung auf eine Struktur umgestaltet, die im wesentlichen nur noch durch drei Unterrichtsarten gekennzeichnet ist: Wochenplan und freie Arbeit, Fachunterricht sowie Epochenarbeit. Anteil und Umfang der Unterrichtsfächer, die für die Regelschule verbindlich sind, bleiben – jeweils für einen Bildungsgang – durch Vernetzung von Unterrichtsinhalten erhalten, werden jedoch innerhalb der Schuljahre zeitlich und didaktisch neu angeordnet und konzentriert.

3. Projekte zur Schulentwicklung und Schulversuche, die Schulen Freiräume zur inhaltlichen und schulorganisatorischen Gestaltung ermöglichen

Schulversuch „Globale Unterrichtsbedarfsberechnung" an 14 Thüringer allgemeinbildenden Schulen:

Meßzahlen für die Bildung von Klassen, Lerngruppen, Kursen gelten als Empfehlungen, von denen begründet abgewichen werden kann. Stundentafeln bleiben verbindlich, können aber unter Einhaltung von Jahresstundentafeln modifiziert werden. Die Wochenstundenzahl der Lehrkräfte kann flexibilisiert werden.

Ziel des Versuchs ist die Aufrechterhaltung eines differenzierten Bildungsangebots auch an kleinen Schulen.

Die Ergebnisse des Schulversuchs werden durch das Thüringer Kultusministerium für die landesweite Einführung der globalen Zuweisung von Wochenstunden für Lehrer, Erzieher und Sonderpädagogische Fachkräfte an Thüringer Schulen genutzt.

Anhand dieser wenigen ausgewählten Beispiele zur Veranschaulichung der bisherigen Thüringer Schulentwicklung läßt sich die Rolle von Versuchen für die Thüringer Schulentwicklung in folgenden Thesen zusammenfassen:

1. Versuche haben dazu beigetragen, daß die Schulen nach einer Phase der regionalen Gesichtslosigkeit als sozialistische Einheitsschulen durch Rückbesinnung auf reformpädagogisches Erbe an Profil gewonnen haben. Eine erfreuliche Vielfalt von Schulprofilen ist nunmehr in der Thüringer Schullandschaft zu

registrieren. Beispiele für solche spezifischen Profile von Schulen sind: Unesco-Projektschulen, Umweltschulen, Europaorientierte Schulen, Gesundheitsfördernde Schulen, bilingual ausgerichtete Schulen u. a.

2. Versuche dokumentieren die Offenheit des Thüringer Schulwesens gegenüber neuen Ideen und erproben exemplarisch ihre Eignung als Angebot für eine Vielzahl von Schulen.

   Die reformpädagogisch orientierten Schulversuche sind keine Kopien der alten Reformkonzepte zu Beginn des Jahrhunderts. Diese dienten als Anregung, um die traditionelle Schule mit ihrem jahrgangsbezogenen Unterricht, mit dem 45-Minuten-Takt, mit Frontalunterricht oder dem streng fach bezogenen Unterricht zu hinterfragen und eine zeitgemäße Schule zu gestalten.

   Jahrgangsübergreifender Unterricht, Projektarbeit, Freiarbeit, Wochenplanarbeit, fächerübergreifener oder fächerverbindender Unterricht erscheinen geeignetere Unterrichtsformen als die traditionellen zu sein, um junge Menschen für das Leben fit zu machen.

   Der „Jenaplan" ist im neuen Thüringen, m. E. sogar europaweit, zu einem Symbol dafür geworden, daß schulisches Lernen ganz anders gestaltet sein kann.

3. Versuche erproben mit zeitlichem Vorlauf besondere pädagogische Modelle, die für die Entwicklung einer Vielzahl von Einzelschulen in Zukunft von Interesse sein können.

Seit der Einrichtung jenaplan-pädagogischer Schulversuche interessierten sich Thüringer Grundschulen, Regelschulen und nunmehr auch Gymnasien für die Innovation, die mit der Jenaplan-Pädagogik verbunden werden kann. Für die im Zusammenhang mit dem drastischen Geburtenrückgang zahlenmäßig zunehmenden ‚Kleinen Schulen' wird in Jenaplanelementen eine Möglichkeit gesehen, auch in Zukunft die Qualität von Schule zu sichern.

Auch der bereits beschriebene Schulversuch ‚Globale Unterrichtsberechnung' müßte in diesem Zusammenhang erneut erwähnt werden.

Obwohl unsere Schulen unter den o.g. schwierigen Bedingungen arbeiten müssen, sind viele Projekte zur Schulentwicklung und andere Projekte an Schulen, Schulversuche (Anlage: Übersicht über genehmigte Thüringer Schulversuche im Schuljahr 1997/98), Ergebnisse außerunterrichtlicher Arbeit oder Ergebnisse von Schülerwettbewerben Belege für erfolgreiches Arbeiten von Thüringer Schulen. Folgende Entwicklungsschwerpunkte werden u.a. für die kommenden Schuljahre gesehen:

- die Sicherung der Qualität von Schule (mit den Schwerpunkten: Verbesserung der Qualität des Unterrichts, Selbst- und Fremdevaluation von Schulen),
- die Verbesserung der Zusammenarbeit zwischen Schule, Schulträgern und Ju-

gendämtern in konkreten Vorhaben (als einziger Alternative, um der zunehmenden Anzahl von verhaltensauffälligen Schülern, Schulverweigerern und Schulabgängern ohne Abschluß entgegenzuwirken),
- die Unterstützung von Schulen, die Schüler mit sonderpädagogischem Förderbedarf integrativ unterrichten.

Fazit nach acht Jahren Thüringer Schulentwicklung:
Der Schulversuch Thüringen hat seine Bewährungsprobe erfolgreich bestanden, aber er bleibt nach wie vor auf dem Prüfstand, um offen für Veränderungen zu bleiben.

Abb.1: Das Bildungswesen in der DDR in den achtziger Jahre

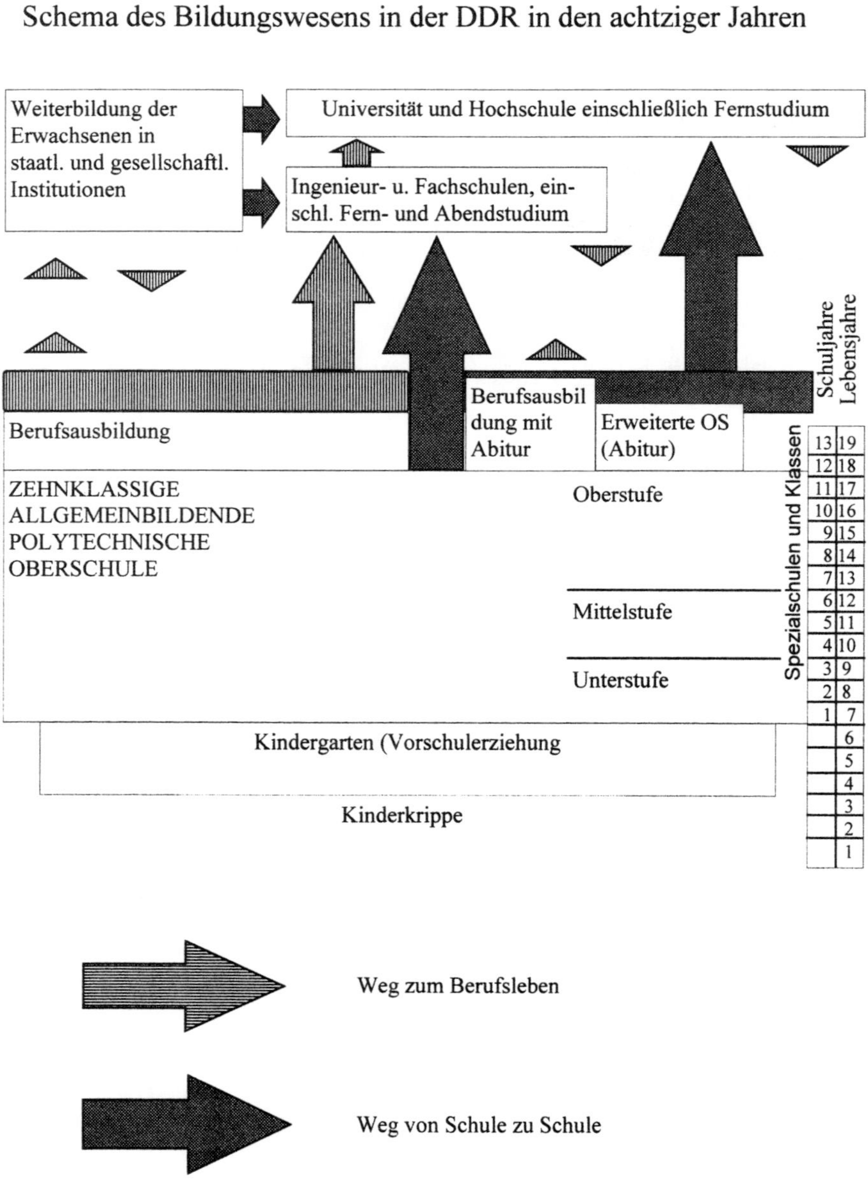

Abb. 2: Die schulischen Bildungswege in Thüringen

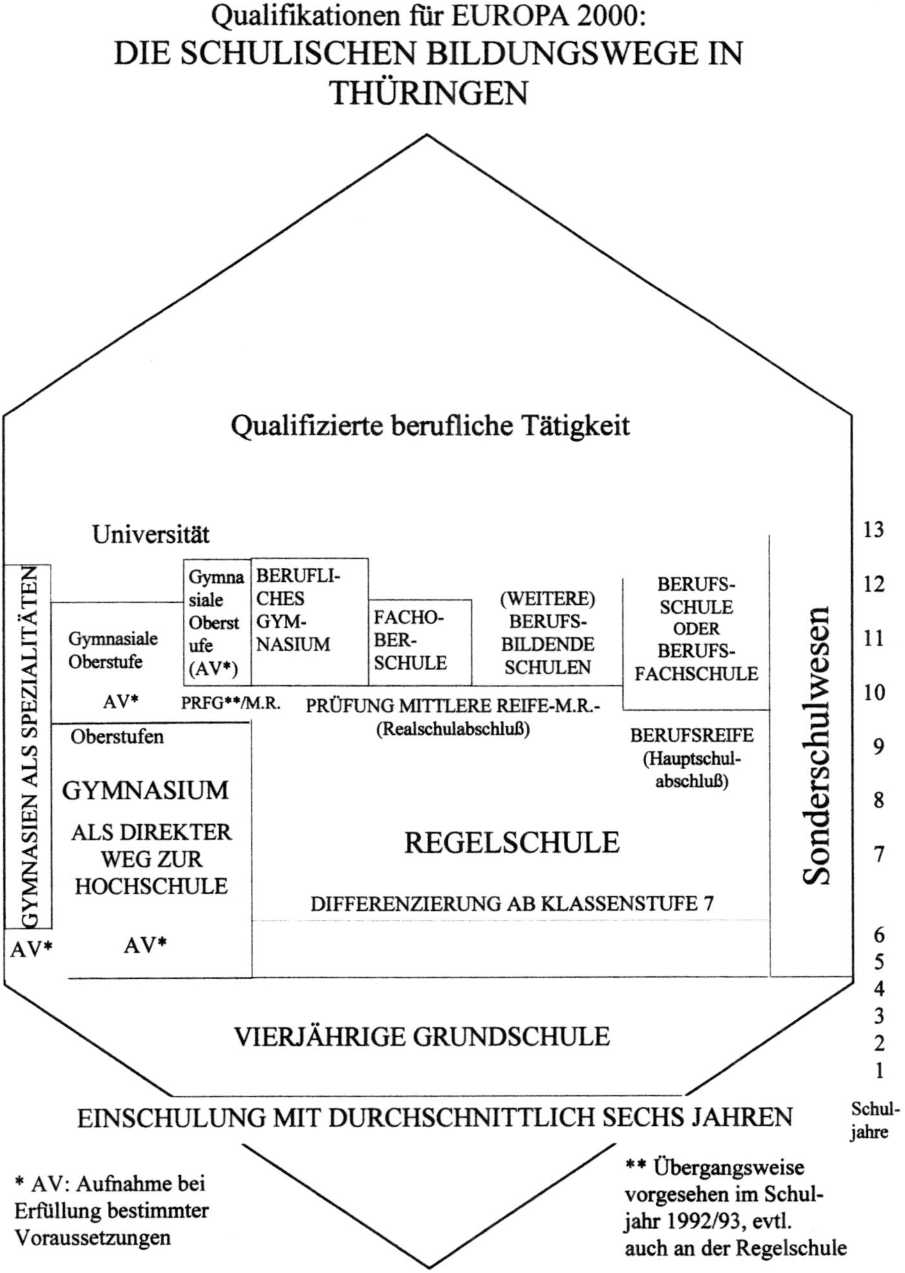

* AV: Aufnahme bei Erfüllung bestimmter Voraussetzungen

** Übergangsweise vorgesehen im Schuljahr 1992/93, evtl. auch an der Regelschule

Anlage

Genehmigte Schulversuche in Thüringen

Stand: 1. Januar 1998

Schule	Bezeichnung des Schulversuchs	Genehmigung	Ende
Jenaplan-Schule Jena Ziegenhainer Str. 52 07749 Jena	Jenaplan-Schule Jena	24.09.1991	31.07.2002
Hermann-Lietz-Schule Stiftung 01 98663 Haubinda	Hermann-Lietz-Schule Haubinda	06.11.1991	
Jenaplan-Schule Suhl Am Hoheloh 1 98527 Suhl	Jenaplan-Schule Suhl	08.09.1993	
Staatliche Hauptschule Könitz Pestalozzistr. 6 07336 Könitz	Staatliche Hauptschule Könitz	24.09.1994	
Schulversuch Jenaplan Weimar an der Staatlichen Grundschule „Christoph Martin Wieland“ Gropiusstr. 1 99423 Weimar	Jenaplan Weimar an der „Christoph-Martin-Wieland-Grundschule”	14.10.1994	
8. Staatliche Grundschule Erfurt Blumenstr. 20 99092 Erfurt	Englischunterricht im jüngeren Schulalter	17.10.1994	31.07.2001
Staatliche Berufsbildende Schule „Ludwig Erhard“ Schulteil Palmtal 14 99817 Eisenach	Duale Berufsausbildung und Fachhochschulreife	04.07.1995	31.07.2002
Staatliche Regelschule Rudolf-Breitscheid-Str. 9 36433 Bad Salzungen	Wahlpflichtfach „Kaufmännische Grund bildung“	12.09.1995	31.07.1999
Freie Ganztagschule Milda Ortsstr. 92 07751 Milda	„Ganztagsschule“ an der „Freien Ganztagsschule Milda, Staatlich genehmigte Ersatzschule, Organisationsform:Regelschule, Träger: Schulverein Freie Gesamtschule e.V.“	26.06.1996	31.07.1998
Staatliche Berufsbildende Schule „Rudolf-Diesel-Schule“	Neues Ausbildungsmodell im Handwerk; Ausbildung und Fortbildung	27.06.1996	31.07.2000

Mainzer Str. 34 99089 Erfurt	– Zusatzqualifikation Betriebsassisten/ Betriebsassistentin (HwK) im Ausbildungsberuf Kraftfahrzeugmechaniker/ Kraftfahrzeugmechanikerin		
Staatliche berufsbildende Schule Jena Burgau Damaschkeweg 4 07745 Jena	Doppelqualifikation duale Berufsausbildung und Fachhochschulreife, Ausbildungsberuf Maurer	19.07.1996l	31.07.2000
Staatliche Regelschul e „Albert-Schweitzer" Planckstr. 09 37327 Leinefelde	Globale Unterrichtsbedarfsberechnung	05.11.1996	31.08.1998
Staatliche Förderschule für Lernbehinderte „Friedrich-Fröbel" Ortsstr. 4 07819 Dreitzsch	Globale Unterrichtsbedarfsberechnung	05.11.1996	31.08.1998
Werratal-Gymnasium Am Gymnasium 1 98590 Schwallungen	Globale Unterrichtsbedarfsberechnung	05.11.1996	31.08.1998
Staatliche Grundschule „Friedrich Schiller" Schillerstr. 21 98544 Zella-Mehlis	Globale Unterrichtsbedarfsberechnung	05.11.1996	31.08.1998
Staatliche Regelschule „Am Morgenberg" Gabelsberger Str. 9 07819 Triptis	Globale Unterrichtsbedarfsberechnung	05.11.1996	31.08.1998
Staatliches Gymnasium „Konrad Duden" Hofer Str. 10 07903 Schleiz	Globale Unterrichtsbedarfsberechnung	05.11.1996	31.08.1998
Staatliche Grundschule 29 „Puschkinschule" Kartäuser Str. 50 99084 Erfurt	Globale Unterrichtsbedarfsberechnung	05.11.1996	31.08.1998
Staatliche Regelschule 16 „Neuerbeschule" Schulstr. 5 99084 Erfurt	Globale Unterrichtsbedarfsberechnung	05.11.1996	31.08.1998
Staatliches Gymnasium 6 „Königin-Luise-Gymnasium" Melanchthonstr. 3 99084 Erfurt	Globale Unterrichtsbedarfsberechnung	05.11.1996	31.08.1998
Staatliche Kooperative	Globale Unterrichtsbedarfsberechnung	05.11.1996	31.08.1998

Gesamtschule „Am Schwemmbach“ Am Schwemmbach 10 99099 Erfurt			
Staatliche Förderschul e für Lernbehinderte Waidschule Erfurt Marktstr. 6 99084 Erfurt	Globale Unterrichtsbedarfsberechnung	05.11.1996	31.08.1998
Staatliche Förderschule für Sprachbehinderte „Anne-Frank-Schule“ Röntgenstr. 8 98617 Meiningen	Globale Unterrichtsbedarfsberechnung	05.11.1996	31.08.1998
Staatliche Grundschule „Albert Schweitzer“ Planckstr. 09 37327 Leinefelde	Globale Unterrichtsbedarfsberechnung	05.11.1996	31.08.1998
Staatliche Integrierte Gesamtschule Gera Ahornweg 3 07549 Gera	Globale Unterrichtsbedarfsberechnung	10.06.1997	31.07.1998
Willy-Brandt-Schule Staatliche Regeischul e Hermann-Brill-Str. 129 99099 Erfurt	Einführung des Wahlpflichtfaches musisch-künstlerisches Gestalten	14.07.1997	31.07.2001
Staatliche Regelschule „G. E. Lessing“ Am Salzagraben 1 99734 Nordhausen	Einführung des zusätzlichen Wahlprüfungsfaches Sport zum Ewerb des Realschulabschlusses	14.07.1997	31.07.2000
Staatliche Regelschule „Lobdeburgschule“ Unter der Lobdeburg 04 07747 Jena	Lobdeburgschule	23.07.1997	31.07.2002
Freie Schule „Franz von Assisi Staatlich genehmigte Ersatzschule Bergrat-Voigt-Str. 49 98693 Ilmenau	Offene Ganztagsschule als innovatives Schulmodell im Grundschulbereich“ an der Freien Schule „Franz von Assisi“, Staatlich genehmigte Ersatzschule, Organisationsform: Grundschule, Träger: Schulverein „Franz von Assisi“ e.V.	29.07.1997	31.07.2001
Staatliche Berufsbildende Schule 4 „Andreas Gordon“ Weidengasse 8 99084 Erfurt	Neues Ausbildungsmodell im Handwerk; Ausbildung und Fortbildung - Zusatzqualifikation Betri ebsassisten/Betriebsassistentin (HwK) im Ausbildungsberuf Elektroinstallateur/	29.08.1997	31.07.2000

	Elektroinstallateurin		
Staatliche berufsbildende Schulen für Wirtschaft und Technik Gotha Von-Zach-Str. 61/63 99867 Gotha	Neues Ausbildungsmodell im Handwerk; Ausbildung und Fortbildung - Zusatzqualifikation Betriebsassisten/Betriebsassistentin (HwK) im Ausbildungsberuf Kraftfahrzeugmechaniker/ Kraftfahrzeugmechanikerin	29.08.1997	31.07.2000
Staatliche Berufsbildende Schule 7 Binderslebener Landstr. 162 99092 Erfurt	Neues Ausbildungsmodell im Handwerk; Ausbildung und Fortbildung - Zusatzqualifikation Betriebsassistent/Betriebsassistentin (HwK) im Ausbildungsberuf Maurer/Maurerin	29.08.1997	31.07.2000
Staatliche Integrierte Gesamtschule Erfurt Wendenstr. 23 99086 Erfurt	Fachleistungsdifferenzierung in der Sekundarstufe 1	04.12.1997	31.07.2001

3. Verortung des europäischen Bildungsgedankens als fächerübergreifendes Prinzip

Neue Thüringer Lehrpläne im Kontext von Schulentwicklung
Konzept, Möglichkeiten, Grenzen

Ursula Gardeia

In Thüringen werden gegenwärtig neue Lehrpläne für die Fächer der Grundschule, der Regelschule und des Gymnasiums erarbeitet.

Alle Pläne folgen einer gemeinsamen Konzeption. Das neue Lehrplankonzept stellt den Unterricht im einzelnen Fach stark in den Kontext eines gemeinsamen Grundanliegens, das auf die Entwicklung von Lernkompetenz gerichtet ist.

Mit den neuen Lehrplänen werden den Schulen Arbeitsinstrumente in die Hand gegeben, die einen längerfristigen Arbeitsprozeß ermöglichen, in dem durch die Orientierung auf den handelnden Schüler und den Erwerb fächerübergreifender Kompetenzen das Nachdenken und das Verändern von Schule und Unterricht angeregt werden kann. Damit stehen die neuen Lehrpläne in einem ursächlichen Zusammenhang zur Schulentwicklung, im Sinne der Entwicklung der einzelnen Schule und im Sinne eines längerfristigen inhaltlichen Gestaltungsprozesses.

Gestatten Sie mir zunächst einige grundsätzliche Ausführungen zur Konzeption der neuen Thüringer Lehrpläne. Davon ausgehend werde ich versuchen, Möglichkeiten und Grenzen des Lehrplans als einem Instrument von Schulentwicklung aufzuzeigen.

1. Die Entwicklung von Lernkompetenz als Ziel von Schule und (Fach-)Unterricht

Es ist normal, daß sich der Bildungsbegriff zu allen Zeiten ändert und eine Diskussion um die heutigen Bildungsinhalte bereits morgen einer Anpassung an wiederum neue Verhältnisse bedarf.

Gerade in Zeiten, in denen wichtige Entwicklungsprozesse im Gange und eben noch nicht abgeschlossen sind, gilt es, sich mit den kommenden (neuen) Anforderungen zu beschäftigen und die zu erwartenden Konsequenzen für die Gesellschaft abzuschätzen, um später nicht von unbeherrschbaren Folgen überrollt zu werden. Es herrscht in diesem Zusammenhang Einvernehmen darüber, daß sich die Bildung im Zeitalter neuer Informations- und Kommunikationstechnologien Anforderungen stellen muß, die neue Konzepte und Ziele, neue Methoden, vor allem aber eine Lernkultur erfordern, in der lebenslanges Lernen die Maxime ist.

Eine Schule, die ihrem Bildungs- und Erziehungsauftrag gerecht werden und die Heranwachsenden darauf vorbereiten will, ihre gegenwärtige und zukünftige Lebenswirklichkeit zu bewältigen, kann den Prozeß gesellschaftlichen Wandels in seinen vielfältigen Erscheinungsformen im Binnen- und Außenraum von Schule nicht ignorieren.

Schule muß sich verändern, wenn sie Kinder und Jugendliche befähigen will, selbständig und eigenverantwortlich zu handeln. Sie muß Ziele, Inhalte, Arbeits- und Lernformen auf deren Zukunftsträchtigkeit hin prüfen.

Die Frage nach dem Ziel von Schule und der damit verbundenen Intention und Organisation schulischen Lernens im Kontext von Wissen, Wollen und Können der Schülerinnen und Schüler bewegt sich dabei stets im Balance- und Spannungsfeld „zwischen dem Recht des einzelnen auf Personwerdung, seinen individuellen Interessen und Bedürfnissen auf der einen Seite, und der allgemeinen Kultur, gesellschaftlichen Anforderungen und Notwendigkeiten auf der anderen" (Heymann, H.W. 1996).

In diesem Kontext wird auch mit den Lehrplänen, die für Schule und Unterricht immer eine Art Konstante bedeuten, auf die sich alle beziehen können, zukünftig stärker signalisiert werden müssen, daß Schule nichts Statisches ist, sondern in einem kontinuierlichen Entwicklungsprozeß steht, der Bewegung, Beweglichkeit und Innovation erfordert, ohne dabei einer Beliebigkeit Tür und Tor zu öffnen.

Eine Schule, die Schülerinnen und Schüler auf eine Mitwirkung an den gemeinsamen Aufgaben in Schule, Beruf und Gesellschaft vorbereiten und in diesem Sinne *handlungsfähig* machen will, muß Kinder und Jugendliche nicht vordergründig mit enzyklopädischen Wissensbeständen sondern mit Orientierungs- und Lernfähigkeit ausstatten. Dies hat folgerichtig die Vorstellung von einer Grundbildung zur Konsequenz, die alle Fächer als Rahmenauftrag auf die Entwicklung von *Lernkompetenz* verpflichtet (vgl. Gardeia, U. 1997).

Lernkompetenz wäre einseitig betrachtet, wollte man sie auf eine Technik des Lernens reduzieren. Vielmehr geht es darum, Wissensvermittlung, Werteaneignung und Persönlichkeitsentwicklung zu verzahnen und dabei die Gleichzeitigkeit und Widersprüchlichkeit von ‚Wollen' und ‚Sollen' zu berücksichtigen.

Dieser Zielrichtung folgend, führen die neuen Thüringer Lehrpläne den Begriff der Kompetenz ein, da er am ehesten geeignet ist,

- das ‚Insgesamt' der Voraussetzungen zu erfassen, die ein Individuum in einer gegebenen Situation, in einem gegebenen Kontext angemessen und sinnvoll handeln lassen,
- den Prozeßcharakter des Lernens zu formulieren,
- Handlungsregulation immer im Kontext von Handlungsbereitschaft zu erfassen.

Die o.g. Überlegungen führen für den Fachunterricht zu einem ganzheitlichen Kompetenzmodell,

- das auf die Entwicklung von Handlungsfähigkeit zielt,
- das sich an den Erfordernissen der gesellschaftlichen Entwicklung orientiert,

- in dem Lernkompetenz integrative Funktion hat und determiniert ist durch Selbst-, Sozial-, Sach- und Methodenkompetenz.

Mit diesen Kompetenzen wird der Lernprozeß in seiner Mehrdimensionalität erfaßt, d.h.

- fachlich-inhaltlich
- methodisch-strategisch
- sozial-kommunikativ
- affektiv (vgl. Klippert, H. 1996)

Sach-, Methoden-, Selbst- und Sozialkompetenz stehen in keinem hierarchischen Verhältnis. Sie bedingen einander, durchdringen sich gegenseitig und werden in der tätigen Auseinandersetzung mit fachlichen und fächerübergreifenden Inhalten des Unterrichts erworben (vgl. Abb. 1).

Mit den benannten Kompetenzen ist die Möglichkeit gegeben, das Lernen im Fach und auch aus der Sicht fächerübergreifender Zielstellungen zu beschreiben.

Lernkompetent zu sein bedeutet demnach, individuelles und gemeinsames Lernen selbständig vorzubereiten, (interaktiv) zu gestalten, zu reflektieren, zu regulieren, zu bewerten und das Gelernte konsequent anzuwenden mit dem Ziel, Einsichten zu gewinnen und Lösungen für ein Problem zu finden (vgl. Leitlinien ...).

Dies will die nachfolgende grafische Darstellung zum Ausdruck bringen:

Abb. 1: Kompetenzmodell

Lehrpläne vom Kompetenzbegriff her zu denken und im Unterricht umzusetzen bedeutet:

- Kompetenzen aus der Sicht des Faches und der Schulart zu konkretisieren;
- den Schüler als Subjekt, nicht als Objekt des Unterrichts zu betrachten;
- konkrete Ziele und Inhalte stets dahingehend zu hinterfragen, inwieweit sie geeignet sind,
    - ➜ einen Beitrag zur Handlungsfähigkeit zu leisten
    - ➜ das Lernen zu effektivieren
    - ➜ die Schülerpersönlichkeit zu stärken
    - ➜ die Selbständigkeit des Schülers zu fördern
    - ➜ das soziale Miteinander zu verbessern
    - ➜ Handlungssituationen zu beschreiben.

Damit orientiert ein auf die Entwicklung von Lernkompetenz ausgerichteter Unterricht einerseits auf eine momentan zu wenig genutzte Ressource – das verantwortliche und selbstorganisierte und handlungsbezogene Lernen von Schülerinnen und Schülern – und führt durch den integrativen und ganzheitlichen Ansatz weg von einseitiger Stofforientierung.

Andererseits stiftet die Ausrichtung an einem gemeinsamen Grundanliegen Beziehungen zwischen Fächern und erfordert zwangsläufig Abstimmung und Kooperation.

Junge Menschen müssen lernen, Zusammenhänge zu erkennen, zu bedenken und zum Ausgangspunkt eigener Entscheidungen zu machen.

Die Schulfächer bleiben dabei die wichtigste Form, die Vielfalt des Möglichen lehr- und lernbar aufzubereiten.

Sie müssen aber zukünftig angesichts zunehmender Komplexität gesellschaftlicher Entwicklung und der Verzahnung von Wissensbeständen wesentlich stärker als Teile eines Ganzen verstanden und unterrichtet werden.

Für die Lehrplanarbeit war daher der Blick auf den Zusammenhang von Wissensbeständen, auf deren fächerübergreifende Abstimmung und Zusammenarbeit, ein tragender Aspekt für die Auswahl und die Abstimmung von Zielen und Inhalten.

Die neuen Lehrpläne stützen das Verständnis vom Lernen in Zusammenhängen, die auf fachlichen Strukturen aufbauen oder sie umfassen, auf die Lebenswelt der Kinder und Jugendlichen bezogen werden können und in der Gesellschaft langfristig relevante Problemstellungen aufgreifen.

Die Fachlehrpläne weisen daher den besonderen fachlichen Beitrag als auch mögliche fächerübergreifende Anknüpfungspunkte zur Auseinandersetzung mit gesellschaftlichen Kernproblemen aus und markieren Inhalte mit fächerübergreifendem Lösungsansatz, ohne dies kleinschrittig zu beschreiben.

Aus der Orientierung auf den Erwerb von Kompetenzen für ein lebenslanges Lernen und eine verstärkte Ausrichtung an fächerübergreifenden Themenstellungen ergibt sich schwerpunktmäßig die Funktion von Lehrplänen als einem Instrument von Schulentwicklung.

2. Lehrpläne als ein Instrument von Schulentwicklung – Möglichkeiten und Grenzen

Wie dargestellt, ist mit der gemeinsamen Grundkonzeption aller Lehrpläne die Möglichkeit gegeben, das Lernen nicht nur als das Lernen in einem bestimmten Fach, sondern auch aus der Sicht fächerübergreifender Zielstellung zu beschreiben. Das sogenannte Kompetenzmodell stellt dafür das begriffliche und inhaltliche Arbeitsinstrument bereit. Die Lehrpläne machen Fächer somit aufeinander beziehbar, ohne dabei die Spezifik des einzelnen Faches zu ignorieren.

Die neuen Lehrpläne verplanen nicht den gesamten Unterricht. Durch die Konzentration auf wesentliche und unverzichtbare verbindliche Ziele und Inhalte und den Verzicht auf kleinschrittige Vorgaben wird Raum geschaffen für innere Differenzierung, individualisierte Lernvorgänge, die Berücksichtigung der Interessen und des konkreten Lernumfeldes der Schülerinnen und Schüler.

Damit beschreiben die Lehrpläne verbindliche Standards, eröffnen aber gleichzeitig Gestaltungsfreiräume.

Die neuen Lehrpläne unterstützen folglich einerseits die eigenverantwortliche Planung des Lehrers und andererseits die schulinterne Kommunikation.

Denn das über die Gesamtheit aller Lehrpläne transportierte und im Begriff der Grundbildung formulierte ganzheitliche Lernverständnis läßt den Dialog zwischen Vertretern unterschiedlicher Fächer und die Kooperation zwingender werden. Dialog und Kooperation müssen sich zwangsläufig beziehen auf die Ziele und Inhalte der Kompetenzentwicklung im Fach und fächerübergreifend und in diesem Zusammenhang zu formulierenden Schwerpunkten in bestimmten Altersstufen, auf Bezugspunkte für fächerübergreifende Zusammenarbeit, auf die Einbeziehung lokaler Gegebenheiten, auf das Verständnis von schulischer Leistung und deren Kontrolle und Bewertung etc..

Die Lehrpläne bieten damit einen Anlaß über das Ziel von Schule, das Lernen im Unterricht und schulinterene Gestaltungskonsequenzen nachzudenken und ermöglichen die Entwicklung schulinterner pädagogischer Programme. So gesehen können die neuen Lehrpläne zu einem die Schulentwicklung anregendem und stützendem Instrument werden. Allein ihre Umsetzung ist jedoch nicht die Gewähr für Schulenwicklung.

Letztere setzt schulinterne Reflexion und Erfahrungssicherung voraus. Dort wo die Lehrpläne z.B. Freiräume eröffnen, muß die Frage gestellt werden, ob und wie dieser Freiraum gestaltet wird, ob und wie in seiner Gestaltung die zentralen und verbindlichen fachlichen und pädagogischen Ansprüche gesichert werden, welche internen Abstimmungsprozesse dabei notwendig sind und wie das konkrete schulische Bedingungsgefüge dabei zu nutzen und ggf. auch zu verändern ist. Dies kann nur von den Lehrerinnen und Lehrern einer Schule selbst – nicht von zentralen Lehrplänen – geleistet werden.

Letztere haben in diesem Zusammenhang ihre Grenze erreicht.

Mit den neuen Thüringer Lehrplänen eröffnen sich Chancen für eine Weiterentwicklung von Unterricht und Schule.

Dies wird derjenige verstehen und bestätigen, der bereit ist, sich mit dem neuen Verständnis von schulischem Lehren und Lernen auseinanderzusetzen, sich für Neues und weniger Vertrautes öffnet, Gewohntes kritisch auf dessen Tauglichkeit hinterfragt und der konkrete Schlußfolgerungen für die Gestaltung der täglichen Unterrichtspraxis und der Schulkultur zieht.

Literatur

Gardeia, U.: Leitlinien für die Erarbeitung der Thüringer Lehrpläne im Kontext von Evaluation und Konzeptentwicklung, in: Zweites Thüringer Lehrplanforum, 1997

Heymann, H .W.: Allgemeinbildung im mathematisch-wissenschaftlichen Unterricht. Vortrag anläßlich der „Tage des mathematisch-naturwissenschaftlichen Unterrichts" in Erfurt, 1996

Klippert, H.: Methodentraining. Weinheim und Basel, 5. Aufl., 1996

Leitlinien Leitlinien für die Erarbeitung der Thüringer Lehrpläne, Arnstadt/Bad Berka, Thüringer Institut für Lehrerfortbildung, Lehrplanentwicklung und Medien

Schule und europäische Dimension im Spannungsfeld von Lehrplanintention und schulischer Praxis

Bernd Schreier

Die Veranstalter hatten die europäische Thematik an den Schluß der Tagung gesetzt. Ich nehme an, daß hinter dieser Terminierung nicht die Auffassung steht, daß den Teilnehmern die europäische Thematik nur im Zustand der inhaltlichen Erschöpfung zuzumuten ist. Ich glaube vielmehr, daß dies ein Symbol dafür ist, daß Europa in der Vergangenheit immer wieder als das Abendland bezeichnet worden ist und demzufolge auch der herannahende Abend der angemessene Zeitrahmen mit tiefengeschichtlicher Bedeutung darstellt.

Schule und europäische Dimension im Spannungsfeld von Lehrplanintentionen und innerschulischer Praxis – das ist ein großes Thema, das allein eine ganze Tagung füllen kann, es sind doppelte und dreifache Bezüge, die sich miteinander zusätzlich noch verschränken.

Ich möchte hier einen einfachen, thüringenbezogenen Zugang wählen.

In Thüringen kann man getrost mit einem Zitat Goethes beginnen, wenn es um dieses Thema geht. Ein Zitat, das ein Spannungsfeld skizziert und einen unüblichen Zugang ermöglicht:

„Ein Wintergarten stand mir in meinen frühen Jahren und Zeit meines Lebens nicht zur Verfügung. Ich hätte das Land, wo die Zitronen blühen, andernfalls wohl nie gesehen."

Zwei Momente dieser Bemerkung Goethes eröffnen einen direkten Bezug zum Thema:

1. Wenn man sich mit Europa im Umfeld der Schule beschäftigt, muß es um die schulische Praxis zuallererst gehen. Eine Reise nach Sizilien - daß heißt, es geht darum, Europa im wahrsten Sinn des Wortes erfahren. Die ‚Erfahrung' Europas hat das Primat, sollte der Reflexion vorausgehen.
2. Ohne das Nachdenken über Europa geht es aber auch nicht. Auch der Wintergarten, mit dem Schule in ihrer Gestalt verglichen werden kann, hat einen großen Wert. Es geht um die angemessenen Balancen, d.h. sowohl um den Wintergarten als auch das ‚Erfahren' der europäischen Umwelt. – Ich bin der Auffassung, daß in Thüringen die Balancen hergestellt sind. Ich will dies an dieser Stelle nicht ausführen, sondern verweise auf die ThILLM-Veröffentlichung „Europa-Bild(en)", in der vieles von dem an Nachdenklichem wie an Erfahrung dokumentiert wird, von der Gestaltung des Faches Wirtschaft-Umwelt-Europa bis hin zu Schulpartnerschaft im europäischen Feld. Man muß noch abwarten, wie sich die Möglichkeiten des Internet, insbesondere die Formen des Thürin-

ger Schulcomputernetzes, im Hinblick auf die multimedialen Kontakte zu anderen Schulen in Europa entwickeln werden. Vieles ist in Erprobung, man muß mit einem Urteil wohl noch warten.

Sie haben gemerkt, daß ich die Praxis in den Mittelpunkt stellen möchte. Dies hängt natürlich mit der Philosphie der Einrichtung zusammen, in der ich arbeite. Das THILLM versteht sich als Unterstützungseinrichtung für die Schulpraxis. Es sieht sich als dienende Einrichtung für 30.000 Thüringer Lehrer und Erzieher an ca. 1.300 Thüringer Schulen. Die Betonung der Praxis meint, daß wir nicht an die Zukunft solcher Einrichtungen glauben, die sich als Denkfabriken für die Praxis begreifen und erwarten, daß die Schulen ihre Denkprodukte einfach umsetzen – ich denke hier an das Bild vom zentralen Stellwerk, dem Weichensteller und der Weiche. Es ist wichtig zu verstehen, wie sich Schulen wirklich entwickeln und welche Potentiale in ihnen liegen, Potentiale, die entfaltet, gefördert, gefordert, kurz gesagt: unterstützt werden können, damit die Schulen ihre eigenen Ideen entwickeln und gestalten, ohne dabei die Anregungen von außen zu vergessen. Das Rad muß nicht immer viermal erfunden werden.

Die Frage nach der europäischen Dimension zielt also zuerst auf das Potential, andere würden sagen, daß die Schätze, die in der Schule vorhanden sind, gefunden werden müssen. Sie betont damit nicht einen anderen möglichen Ansatz, der auch eine lange europäische Tradition hat: erst die Frage, die zur theoretischen Reflektion über die europäische Dimension führt, dann die Ableitung aus ihr bzw. schöpferische Konstruktion der Aufgaben, insbesondere für die inhaltlichen Programme der Schule, sprich: den Lehrplänen, und dann die unausweichliche Diagnose des Spannungsfeldes zwischen neuem Anspruch und vorliegender schulischer Praxis. Mit einem solchen Ansatz kann man auch gut leben: in gewisser Weise schafft man sich, wenn man in solchen Einrichtungen, wie wir es darstellen, arbeitet, selbst die Arbeit und sorgt dafür, daß sie nie aufhört: Man schafft immer einen Unterschied zwischen Anspruch und Wirklichkeit, der des Ausgleiches bedarf. Man erreicht sogar schulethische Dimensionen, weil neue Ideen und Ansprüche die Schulen in der Summe oft überfordern, so daß man sich dann als Produzent solcher Ansprüche einerseits, andererseits dann schützend vor die Einrichtung stellt.

3. Wenn man im Hinblick auf die europäische Dimension verstehen will, was dies für die Schule bedeutet, führt dies zur Frage, worin eigentlich die europäische Dimension der Schulpraxis bereits besteht. Schulpraxis, d. h. Unterricht, heißt ziel- und zweckhaftes Arbeiten in der Schule.

   Jede Schule in Europa verkörpert bereits alle wesentlichen Elemente der europäischen Dimension. Die Schule selbst ist vielleicht nicht als europäisches Produkt zu bezeichnen; es gibt verschiedene Schul-‚Geschichten' in der Welt.

Aber: die Beifügung „europäisch" benennt ein Bündel an Eigenschaften, die den Schulen in allen Teilen des geographischen Europas – und als Produkt der Kolonialzeit oft darüber hinaus – gemeinsam ist.

Eine Illustration hierzu: Wenn ich meine eigenen Erfahrungen nehme – und ich nehme an, daß viele von Ihnen ähnliche Eindrücke gewonnen haben, so geht es mir immer wieder so, wenn ich in irgend einem anderen Land in Europa bin, daß ich sofort unter der Vielzahl der Gebäude erkennen kann, welches Schulgebäude sind. Wenn man dann in ein Klassenzimmer geht, die Sprache des Landes nicht beherrschend, versteht man auch in der Regel immer, worum es in diesem Unterricht geht.

Die europäische Schule verkörpert als Einrichtung in der Regel
- eine gemeinsame strukturelle Geschichte
- eine gemeinsame Entwicklung der Fachinhalte und Fachphilosophie
- gemeinsame Rollenverständnisse der handelnden Personen und gemeinsame innere und äußere Kulturen.

Um dieses genauer auszuführen fehlt hier die Zeit. Ich möchte nur einiges illustrieren und daher dazu zwei Bemerkungen:

Joseph Dolch führt in seiner umfassenden Geschichte des sogenannten „abendländischen Lehrplans" sorgfältig aus, wie über Jahrhunderte/Jahrtausende hinweg sich Inhalte in ganz Europa formieren, altes kaum vergeht, sondern sich umgewandelt, anders zugeordnet in neuen Konzepten wiederfindet, fast nur noch erkennbar aufgrund der Frage, warum dies und gerade dies eigentlich Gegenstand des Faches ist, eine Frage, die in der Regel nur sehr schwer beantwortet werden kann. Dieser Prozeß ist immer ein europäischer Prozeß gewesen, ungleichzeitig, aber nie voneinander abtrennbar, einmal abgrenzend, dann wieder vereinheitlichend – ich erwähne nur die Auswirkungen der Französischen Revolution und der Industriellen Revolution – aber immer prägend und in der Logik menschlich-gesellschaftlicher Entwicklung. Noch heute können wir (Anlage 1) mit frühneuzeitlichen Darstellungen etwas anfangen. Darstellungen, wie dieser 1548 erschienene „Turm der Grammatik" von Valentin Bolz haben in allen europäischen Ländern Wirkungen bis heute hinterlassen und sind uns in ihrer Logik auch in unserer eigenen Schulzeit noch begegnet. Der Junge muß zuerst die Buchstaben von der Tafel lernen und kommt dann, nachdem die Bildungstür aufgeschlossen ist, in den unteren Raum. Dort lehrt ihn der Donat die elementare Grammatik. Im Stock höher die höhere Grammatik und dann verengt sich der Turm der Studien. Zugleich wird Stock für Stock die Ordnung der Themenfelder sichtbar. Über allem thront und strukturiert die Theologie und Metaphysik. Alle Inhalte werden zugleich verkörpert von Personen, Sinnbildern der Inhalte. Ich finde, es ist eine sehr überzeugende europäische Form, eine einfache Form, um klar zu machen, wozu die Schule da ist und welcher Geist sie prägt. Und wichtig für die Argumentation: Überall in Europa würde man die Aussage dieses Bildes verstehen. Weitere Illustrationen aus der europäischen Schulkultur, die überall in Europa ähnliche Assoziationen auslösen werden:

- der Schüler auf dem Esel, der wegen schlechter Leistungen verspottet wird (Anlage 2),
- die Prügel als massives pädagogisches Einwirken (Anlage 3),
- der Privatlehrer (Anlage 4),
- wieder einmal ein Bild aus Thüringen – Goethe im Schattenriß, die persönliche vatergleiche Erziehungskonzeption gegenüber dem jungen Fritz von Stein praktizierend (Anlage 5),
- der Lehrer als Freund und Partner des Schülers, ein Konzept der Reformpädagogik und
- der Lehrer als Moderator von Unterrichtsprozessen in zwei Lerngruppen (Anlage 6).

Wenn man sich aktuelle Lehrpläne in Europa ansieht, etwa den norwegischen und den ungarischen, so fallen einem sofort deutliche Unterschiede auf: Der norwegische Lehrplan hat nur wenige Seiten, ist stark bebildert, vom Layout her werbewirksam gestaltet. Der ungarische Lehrplan ist ein sehr sorgfältiges, umfangreiches Konzept, das landesweite Standards genau so formuliert wie innerschulische curriculare Gestaltungsmöglichkeiten. Beide Konzepte jedoch, die auf den ersten Blick so verschieden scheinen, sind europäische Lehrpläne, können sofort verstanden werden in ihren Intentionen, ihren Stärken und Schwächen. Das ist auch europäische Tradition.

4. Wenn es zutrifft, daß es in ausgeprägter Weise historisch gewachsene Gemeinsamkeiten der schulischen Praxis in Europa gibt, dann ist das nur eine der Grundlagen eines realistischen Bildes der Schulentwicklung. Es ist nur die halbe Wahrheit, denn es gibt auch viele Unterschiede. Sie liegen in Wirklichkeit in den gleichen Feldern, in denen ich zuvor die Gemeinsamkeiten gesehen habe. Ich habe selbst immer wieder bei Kongressen oder anderen Begegnungen eine Euphorie der Gemeinsamkeiten gespürt, dann aber ernüchtert feststellen müssen, daß alles irgendwie ganz anders ist. Was bedeutet dies? Ich glaube, daß man genau so feststellen kann: Schulische Praxis in Europa ist sehr unterschiedlich, von hoher Vielfalt und daher zugleich ähnlich und unterschiedlich und gleichzeitig und ungleichzeitig. Die europäischen Schulen vermitteln immer europäische Kultur in ihrer Gebrochenheit, zwischen Aufklärung und Raserei, zwischen Hoffnung und Verzweiflung. Europa war nie eine heile Welt. Europa war oft kleinkariert im Inneren, die Abscheidung hat immer zu Feindbildern geführt. Europa ist immer auch Haß und Gewalt gewesen. Gerechtigkeit, aber

auch Ungerechtigkeit. Und das jeweilige Ende hinterließ immer Relikte im historischen, nicht psychoanalytischen Unterbewußtsein der Menschen. Fast so wie die Erinnerung an die Saurier in Form der Drachen, wie sie manche vermuten.

Die Unterschiedlichkeit hat immer ihren Hintergrund in der europäischen Geschichte, für uns heute in besonderer Weise von Bedeutung die der letzten Jahrhunderte, die Konsequenz aus der unterschiedlichen nationalstaatlichen und/oder volksgruppenspezifischen Gestaltung und Brechung der europäischen Geschichte, ihren wechselvollen Prozessen.

5. Was heißt dies alles, wenn man die zwei Medaillen der schulischen Praxis auf die Ausgangsproblemstellung bezieht? Ist dies alles ein Plädoyer für das Laufenlassen, die Akzeptanz der Selbstentwicklung der Schulen, ohne Steuerung und Einflußnahme? Ist es ein Plädoyer für den Relativismus der geschichtlichen Prozesse? Gab es dem entgegen nicht immer auch das europäische Plädoyer für die Gestaltbarkeit der Dinge, die Chance, Dinge zu verändern, das Schlechte zu dämmen, das Gute zu fördern?

Wenn man als Landeseinrichtungen welcher Art auch immer die Schulpraxis erreichen will, muß man

1. Schulen in ihrer Wirklichkeit akzeptieren,
2. in ihren, das heißt den schulischen Möglichkeiten, nach Gestaltbarem suchen, aber auch
3. dasjenige betonen, das sie bisher nicht in den Blick nehmen, vergessen, ihre Blindstellen und Tabuzonen.

Die Stärke der Schule ist ihre Praxis, nicht die Theorie. Viele der eben angesprochenen Zusammenhänge – bezogen auf die Fächer – sind daher in ihrem Grundgehalt und in ihren konkreten Inhalten den in den Schulen handelnden Personen nicht bewußt. Ich glaube, daß es wichtig ist, das Nachdenken der in den Schulen Tätigen über ihr Tun zu fördern, die europäische Dimension in der Alltagspraxis der Schulen freizulegen, damit dann überhaupt erst die Möglichkeiten gesehen werden, die an der eigenen bisherigen Praxis anknüpfen. Es geht also nicht um das voluntaristische Aufsetzen. Jeder weiß, daß Schulen in verschiedenen Ländern am besten nachdenken, wenn sie zueinander Beziehungen entwickeln, die Menschen an der Schule, die die vorhin genannten Inhalte und Strukturen repräsentieren, diese noch zusätzlich vielfach individuell brechen, miteinander in ihrer Unterschiedlichkeit und Ähnlichkeit arbeiten, in einen Austausch treten, gemeinsame Vorhaben aus ihren jeweiligen Betrachtungsweisen angehen.

Wenn man die Schulpraxis in den Mittelpunkt stellt, ist es daher wichtig, nicht den zweiten und dritten Schritt vor dem ersten zu tun. Der erste Schritt ist, die europäische Dimsion durch die Beziehung der Schulen zueinander zu ermöglichen, ja nahezulegen und zu fördern, damit die Praxis aufgrund eigener Prozesse die Schritte tut kann oder auch unterlassen kann. All dieses ist wichtiger als die Produktion von Lehrplänen, die womöglich dann in jedem zweiten Satz die europäische Dimension erwähnen, die vielleicht aber nur Papier bleibt. Ziel muß es sein, die Schulen zum ersten Schritt der Begegnung zu bewegen.

6. Dennoch: Lehrpläne sind sehr wichtig. Wenn sie ein realistisches Abbild der Praxis enthalten, nicht Alibipapiere für was auch immer sind, können sie für die europäische Dimension eine große Bedeutung haben. Sie fixieren durch Worte, was sonst kaum greifbar ist, sieht man von empirischen Erhebungen ab: die Schnittmengen der europäischen Schule in einem Land und ihre unterschiedlichen Zonen. Wenn sich die Einzelpläne in den Fächern und Aufgabenfeldern aufeinander beziehen, ja, vielleicht sogar ein Leitbild oder eine Bildungsidee erkennbar wird, dann steht mit ihnen für die konkreten schulpraktischen Beziehungen zwischen den Ländern ein Arbeitsmittel zur Verfügung, das vielleicht wie der Ideal- oder der Realtypus im Sinne der Terminologie Max Webers als Erkenntnismittel von Nutzen sein kann.

   Die Lehrpläne haben noch eine weitere Funktion, die auch in Beziehung zum Leitbild setzbar ist. In der europäischen Geschichte wurde mit den Lehrplänen immer auch eine Antwort auf die Zukunft gegeben. So wie heute Antworten auf den Globalisierungsdruck und die inneren wirtschaftlichen und sozialen Probleme durch sie mitvorbereitet werden sollen, waren es zu anderen Zeiten andere, teils religiöse, teils politisch-nationale, teils weltherrschaftliche, teils andere ökonomische Zielkomplexe, auf die die Schulen die künftige Generation vorbereiten sollten. Lehrpläne gingen damit immer weiter, als nur die schulische Praxis zu spiegeln. Sie enthielten und enthalten, auch in ihren Leitbildern, Entwürfe fiir die Zukunft. Man kann fragen, welche Sollwerte die jetzigen europäischen Lehrpläne enthalten. Sind es konsensfähige Ziele? Fehlt ein Zukunftsentwurf, weil nur der Status Quo festgeschrieben wird? Welches Bild entwerfen sie von Europa? Dem jetzigen und dem zukünftigen? Wie setzen sie sich mit dem Januskopf der europäischen Geschichte auseinander? Was blenden sie aus?

Damit haben wir bereits die schulische Praxis verlassen. Wir sind im Spannungsfeld derjenigen angekommen, die hier tagen. Die die politische Verantwortung tragen, die europäische Lehrer ausbilden, die Lehrpläne in der europäischen Tradition und für die europäische Zukunft gestalten, die mit den Schulen arbeiten, um sie in ihrer widersprüchlichen Tätigkeit zu unterstützen, zu fordern und zu fördern. Es ist für alle wichtig, über diese und andere Fragen nachzudenken, auch in Tagungen wie dieser. Wir haben als THILLM in Partnerschaft mit den ungarischen

Landesinstituten vor, im Dezember dieses Jahres in einer bilateralen Lehrplankonferenz tiefer in die schulpraktische und lehrplanbezogene Bildungslandschaft beider Länder einzudringen. Wir werden auch darüber nachdenken, wie weit und in welcher praxisnahen Form ein Lehrplan als Instrument zur Schulentwicklung Spannungszonen, Widerhaken, Impulse enthalten kann und muß, die die Weiterentwicklung der Schulen nicht nur nicht behindern, sondern nahelegen, fördern, anstoßen.

Und damit bin ich wieder bei den Schulen und ihrer Praxis und ihrer Aufgabe angekommen, ihren Schülern das selbständige, effektive und soziale Lernen zu ermöglichen. Für ihre Arbeit und – dies gilt insbesondere auch für das Erschließen der europäischen Dimension – benötigen sie und alle diejenigen, die sie glaubwürdig unterstützen wollen, zwei Eigenschaften und Haltungen:

1. den Mut zur Wahrheit, auch zur Qualität und
2. die Bereitschaft, Dinge auch aus Sicht des Anderen wahrnehmen zu können.

Anders gesagt: nicht Nachbeten, sondern der Mut, sich seines Verstandes zu bedienen, ist gefragt, civil courage zu praktizieren, Unangenehmes zu erfragen, auch wenn man bereits beim Fragen ahnt, daß die Ergebnisse unangenehm sein werden.

Ich möchte an dieser Stelle die Hochachtung vor den ungarischen Gästen ausdrücken, die bereit waren, in ihrem Land nach den Bildern in den Köpfen der Schüler zu fragen, die sie mit den europäischen Ländern verbinden. Sie kamen u.a. zum Ergebnis, daß gegenüber Frankreich sehr starke Vorbehalte und kritische Einstellungen bestehen. Hintergrund ist, daß auch hier die europäische Geschichte wirkt; es ist zu vermuten, daß es noch die Auswirkungen des Trianon-Vertrages sind, aufgrund dessen Ungarn einen großen Teil des damaligen Gebietes verloren hatte.

Die Bereitschaft, Dinge auch aus Sicht des Anderen wahrnehmen zu können, das ist die sogenannte Multiperspektivität. Das nachstehende Bild (Anlage 7) macht deutlich, daß man in der Tat Wirklichkeit aus verschiedenen Perspektiven sehen kann. Problem ist oft, daß jeder aus seinem Standpunkt heraus völlig Recht hat. Er sieht die andere, ihm verborgene Seite nur, wenn er die Perspektiven wechselt, auch aus einer anderen Richtung den Blick auf den Sachverhalt wirft.

Ich glaube, es ist wichtig, sich genau damit zu beschäftigen und die Frage auch konsequent aufzuwerfen, wie wir in unseren Ländern jeweils wirklich Europa sehen. Einfache Worte haben eine große Brisanz: Wie gehen wir beispielsweise mit den Himmelsrichtungen um? Was heißt eigentlich Osteuropa für uns in Thüringen, was heißt dies für Ungarn? Ist Ungarn Osteuropa? Ist Ungarn Mitteleuropa? Was bedeutet „Osten“ für das Land Thüringen aus dem Blickwinkel Nordrhein-Westfalens?

Ich beantworte diese Fragen nicht, beende den Vortrag und danke ihnen für ihre Aufmerksamkeit.

TYPVS·GRAMATI
Theologia
Musica
geometria
Astronomia
HICOST
RATA
TRICLINIVM·PHILOSOPHIE

Anlage 1

Lacht ihn brav aus!

Anlage 2

Pädagogik.

Anlage 3

Fürtreffeliche Bildung des Geistes und des Hertzens.

Anlage 4

Anlage 5

Anlage 6

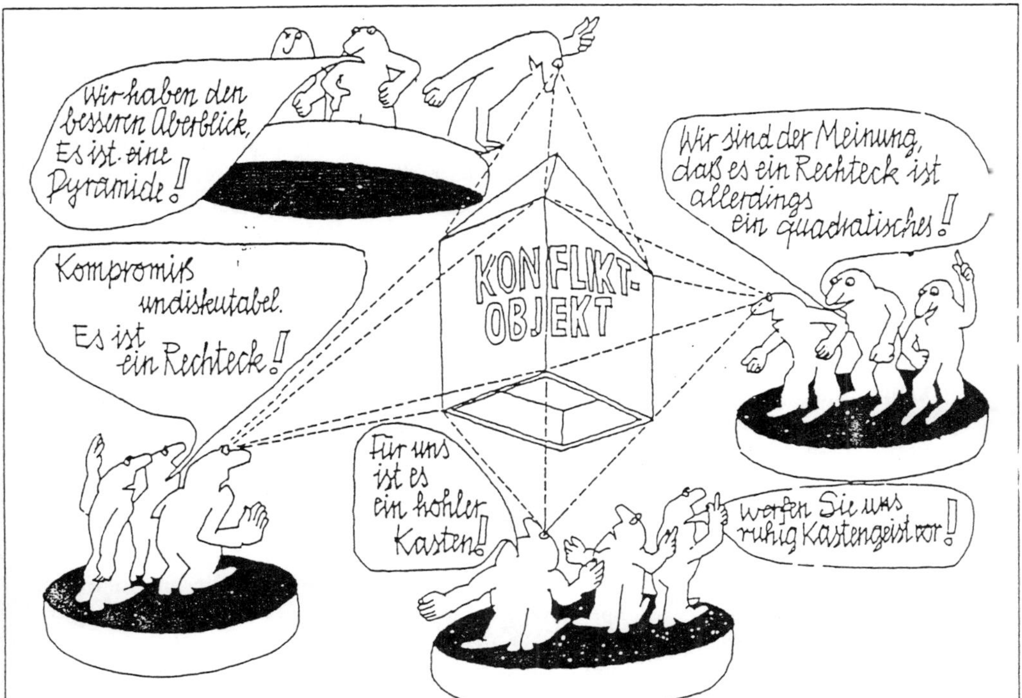
Wir haben den besseren Überblick, Es ist eine Pyramide!
Wir sind der Meinung, daß es ein Rechteck ist allerdings ein quadratisches!
Kompromiss undiskutabel. Es ist ein Rechteck!
KONFLIKT-OBJEKT
Für uns ist es ein hohler Kasten!
werfen Sie uns ruhig Kastengeist vor!

Anlage 7

Europa in der Schule und im Unterricht Konzeptionelle Gedanken zu einem länderübergreifenden Projekt

Siegfried Protz

Vorbemerkung

Die Thematik „Europa in der Schule und im Unterricht" kann, was ihre Genese, den Aspektreichtum und die Komplexität angeht, nicht eindeutig und bündig auf den Punkt gebracht werden. Das liegt zum einen in der Widersprüchlichkeit dessen, was wir unter Europa verstehen[1], zum anderen in der Schwierigkeit, das globale Konzept „Europäische Dimension in Unterricht und Schulleben" zu konkretisieren[2].

Europa sei, so z.B. D. Benner, nur als Durchgang zu einer „civil society" zu verstehen, in der „Menschen unterschiedlicher Kulturen weltoffen, frei und solidarisch miteinander leben"[3] können. Es solle ein Ort werden, wo „der Diskurs und die Verständigung zwischen den Ländern Europas den wechselseitigen Zugang zu den europäischen Kulturen erleichtern, den Reichtum an allgemeingültigen Kulturen erhöhen und ein Wiedererstarken traditioneller Nationalismen zumindestens erschweren"[4]. Damit wird Europa zu einem schulischen „Lernfeld". Auch in diesem „Lernfeld" geht es um die Erfüllung des schulischen Erziehungs- und Bildungsauftrages in einer demokratisch verfaßten Gesellschaft, d.h.: Entfaltung und Förderung von Dialogfähigkeit und Urteilsbildung, von Verständigung und Handlungsfähigkeit. Wir können dabei auf den – sonst oft als überholt angesehenen – Begriff ‚Bildung' nicht verzichten. Er erscheint geradezu als unersetzlich, wenn es darum geht, über partikulare Interessen oder Sonderforderungen hinaus Ansprüche an die europäische Orientierung von Schule und Unterricht zu formulieren. D.h. die Bildungskategorie bleibt ein argumentatives „Prüfprogramm" für Qualifizierungsansprüche und Erwartungen an das öffentliche Bildungswesen.

So werde ich mich in einem ersten Punkt mit dem Bildungsauftrag der Schule im europäischen Kontext beschäftigen, in einem zweiten Punkt werde ich über ein länderübergreifendes Projekt berichten, welches das Problem- und Handlungsfeld der interkulturellen Erziehung in Ost- und Westeuropa als Dialog zum Gegenstand hat.

Schließlich werde ich in einem dritten Punkt einige konzeptionelle Überlegungen über eine unterrichtliche Praxisform zur Umsetzung der europäischen Dimension anstellen.

1. Der Bildungsauftrag der Schule unter Beachtung des europäischen Einigungsprozesses

Das Nebeneinander einer Vielfalt von Kulturen, Wertorientierungen und Lebensauffassungen kann in Europa als der Kontext angesehen werden, in welchem Bildung heute stattfindet und Schule zu gestalten ist.

Auf die Frage, was Kinder und Schüler in der Schule lernen sollen, lassen sich heute keine verbindlichen und eindeutigen Antworten mehr geben. Dieser Ausgangspunkt zieht aber anders, als man vielleicht erwarten könnte, keine Ablehnung des Allgemeinen in der Bildung, um die Aufgaben der Schule zu begründen, nach sich. Allerdings wird dieses Allgemeine konstitutiv für eine Erfahrung, die Vielgestaltigkeit sichtbar werden zu lassen, Empfindsamkeit für das Fremde und Achtung vor dem Anderen zu entwickeln, ein Bewußtsein für die Relativitäten heranzubilden und Selbstverständlichkeiten in Frage zu stellen. Was heute durch Bildung universalisiert, das heißt allgemein werden kann und muß, das ist die Sensibilisierung für Unterschiede.

Die Realisierung dieses Programms ist mit der Abkehrung von der – zumeist wenig reflektierten – Auffassung verbunden, daß Menschen nur unter der Voraussetzung und mit dem Rückhalt eines in sich sinnstabilen und einheitlichen kulturellen Lebensraumes gut erzogen und unterrichtet werden und sich bilden können.

Bezüglich des Umsetzens des Europagedankens in der Schule ist damit Abschied zu nehmen von der Harmonie innerhalb soziokultureller Großverbände und stattdessen vom Gegebenen auszugehen, um die bildenden Möglichkeiten der Differenzen und Heterogenitäten, der Brüche und Disharmonien innerhalb der europäischen Kultur wahrzunehmen und zu nutzen!

Die Pädagogik, die Schule und der Unterricht im Rahmen einer offenen europäischen Gesellschaft haben dann dafür zu sorgen, daß statt normierter Einfalt ein Klima erwünschter und respektierter Vielfalt entsteht. Weder ein ausschließlicher Bezug zur Heimat des Schülers noch eine nationalstaatliche Ausrichtung, wie sie beispielsweise noch für die Reform-Schulen der Weimarer Zeit maßgeblich waren, können heute ausreichen, die Bildung des Schülers in unserer modernen Gesellschaft ausreichend zu thematisieren. Was Bildung immer schon heißt, nämlich Grenzen zu überschreiten, Horizonte zu erweitern, Urteilsfähigkeit zu gewinnen, dadurch, daß man von sich selbst absehen lernt und Vorurteile abbaut – dies alles kann auch im europäischen Rahmen sinnvoll thematisiert und reflektiert werden. Hinzu kommen die überall aufkeimenden und teilweise recht weit entwickelten Formen einer interkulturellen Erziehung, die nicht nur Bildungsgerechtigkeit und soziale Integration erreichen will, sondern auch auf die plurale und multikulturelle Zusammensetzung unserer heutigen Gesellschaft und dem damit verbundenen Verständigungsangebot reagiert.

So geht es in der Theorie und Praxis des Unterrichts und der Erziehung in

Schulen – im Zuge des europäischen Einigungsvorgangs – nicht mehr allein darum, „berechtigtes Eigenes schärfer zu sehen, sondern kulturell Anderes als eine wenigstens partielle Möglichkeit so in den Blick zu bekommen, daß sie vielleicht zur eigenen werden kann“[5]. In der schulpädagogischen Praxis könnte eine solche Aufforderung zur „Blickumstellung“ und zur „Anstrengung der Distanzierung“ von primär eigenen oder für eigen gehaltenen Selbstverständlichkeiten des Wahrnehmens, Beurteilens und Wertens führen, u.a. durch

- eine verstärkte Akzentuierung kulturell-vergleichender Aspekte in allen Unterrichtsfächern,
- Aufnahme fremdsprachlicher Elemente bzw. Lehrgänge in alle Schulformen, auch in die Grundschule,
- verlängerte Auslandsaufenthalte für Lehrer und Schüler mit dem Versuch, „eine produktive Zweisprachigkeit zur Normalität der Gebildeten – voran aller Lehrerinnen und Lehrer – werden zu lassen“[6].

Die Regeln kultureller Begegnung und Verständigung zwischen den Kulturen der unterschiedlichen Länder und Regionen in Europa sowie einer zu weckenden Neugier auf das kulturell Andere bzw. Fremde und das Umgehen mit demselben machen zweifellos einen wesentlichen Schwerpunkt der Aufgaben von Schule im europäischen Einigungsprozeß aus. Für schulisches Lehren und Lernen bedeutet dies, vom Erleben des Anderen, von gelebten und erzählten Erfahrungen auszugehen, in Form einer dialogischen Erziehung, in der das Generationenverhältnis zwischen Lehrenden und Lernenden selbst zu reflektieren sein wird, in Verständigungsstrukturen einzuführen und durch theoretische, ethisch-moralische und ästhetische Reflexionsprozesse die Schüler zu befähigen, eigene Handlungsperspektiven aufzubauen. Dabei werden Diskurs-, Reflexions-, Urteils- und Handlungsstrukturen selbst zu Gegenständen der Schule und des Unterrichts. Das Handeln allerdings kann weder gelehrt noch gelernt, sondern muß individuell selbst verantwortet werden.

Im Hinblick auf den Bildungsauftrag der Schule im europäischen Kontext müssen wir an drei Bezugspunkten festhalten: den individuellen Menschenrechten, der Verantwortungsethik gegenüber jeglichem Leben und der Aufgabe des Staates und der Schule, den sozialen Ausgleich durch Gewährung von Chancengleichheit zu fördern.

Auf dem Weg nach Europa können u.E. folgende Ziele einen Orientierungsrahmen abgeben:

1. eine bewußte Reflexion der Perspektivenvielfalt der Unterrichtsinhalte und Erfahrungen der Schüler, um sie auf die multikulturellen Perspektiven Europas vorzubereiten;
2. die europäische Vielfalt anschauend und denkend durchdringen und sich so in

Fremdverstehen üben, um das Eigene am Fremden verstehen und Nähe und Ferne reflektierend ausbalancieren zu lernen;
3. den Anderen und Andersartigen in seinem Wert für die eigene Identitätsfindung schätzen zu lernen;
4. Sensibilität und Achtung für die vielfältigen europäischen Regionen und ihre Lebenswelten fördern;
5. Entwicklung eines Wir-Gefühls vor dem Hintergrund interkultureller Lebensgestaltung und Gesellschaft;
6. die Einheit der europäischen pluralistischen Gesellschaft in der Form einer zugleich offenen und verantwortungsbereiten Gemeinschaft von Weltbürgern/ Kosmopoliten zu erkennen und anzuerkennen.

Wenn also Pluralität ein Merkmal der europäischen Gesellschaft ist und Gefahr vor allem von geschlossenen, eindimensionalen und fundamentalistischen Positionen droht, so muß diese Problematik in den Bereich von Bildung und Erziehung hinein pädagogisch übersetzt und didaktisch berücksichtigt werden. Es kann dann nicht mehr darum gehen, z.B. eine nationale Sichtweise oder eine einzige Weltanschauung als die allein richtige und mögliche darzustellen und für verbindlich zu erklären, es muß vielmehr in Schule und Unterricht von Anfang an das argumentative Spiel mit Perspektiven und Positionen geübt und dabei immer wieder die erfahrbare Uneindeutigkeit und Relativität von Standpunkten einsichtig gemacht werden.

Ein derartiges Verständnis von Bildung und Unterricht strebt eine „Entprovinzialisierung" des Denkens, die Befreiung des Menschen von der Voreingenommenheit und den Beschränkungen des „provinziellen Ichs" an. Die Betrachtung von außen, die Dezentrierung des Blicks, die eine Kommunikation mit anderen Kulturen eröffnet, kann der erste Schritt sein, die eigene Provinz nicht nur als verläßlichen Halt, sondern auch als kulturelle Herkunftseinheit zu sehen, die begrenzt, indem sie orientiert. Die Fiktionen unserer Identität werden erst sichtbar, wenn wir uns der Diversität erinnern und Pluralität zu achten lernen.

Auf der Grundlage dieser „groben Skizze" bemühen wir uns um ein länderübergreifendes Projekt.

2. Bericht über ein länderübergreifendes Projekt

Hier in Finsterbergen (Thüringen) hatten sich in den vergangenen zwei Tagen Wissenschaftler und Lehrer aus verschiedenen Ländern zusammengefunden, um ein gemeinsames Projekt zu beraten, in dem das Konzept einer „Interkulturellen Erziehung" auf theoretischer und praktischer Ebene weiterentwickelt und erprobt werden soll. Dieses Konzept setzt sich zum Ziel, mittels einer neuen pädagogischen Praxis- und Unterrichtsform einen notwendigen Beitrag zur Herausbildung eines europäischen Bürgerbewußtseins zu erbringen. Dabei geht es um Sensibilisierung für Unterschiede, Einübung von vielfältigen Wahrnehmungsformen, um das Eigene am Fremden zu erkennen, sowie um die Herausbildung von moralischer und ästhetischer Urteilsfähigkeit. Dieses Projekt, das gemeinsam mit den Universitäten Cambridge, Utrecht, Debrecen, Budapest und Vilnius durchgeführt wird, trägt den Titel: „Interkulturelle Erziehung in West- und Osteuropa als Dialog". Auf der Grundlage der o.g. Zielperspektiven bezüglich der europäischen Dimension für Schule und Unterricht wurden mit den Kooperationspartnern – im Hinblick auf das gemeinsame Projektthema und unter Beachtung ihrer bisherigen Forschungsinteressen und -erfahrungen – folgende länderspezifische Aufgabenstellungen vereinbart:

Deutschland: Mehrperspektivischer Unterricht und dialogische Erziehung als Beitrag zur europäischen Dimension in der Schule

Großbritannien: Sprachbewußtsein im Lehrer-Schüler-Verhältnis als Generationsproblem – Sensibilisierung für multikulturelle Identitäten

Litauen: Moralische Urteilsbildung zwischen Lehrern und Schülern – das Verhältnis von nationaler Tradition und multikultureller Zukunft

Niederlande: Abstimmung zwischen Lehrer- und Schülerperspektive im Unterricht als Beitrag zur dialogischen Erziehung im multikulturellen Kontext

Ungarn: Umgang mit Konflikten im multikulturellen Kontext als Aufgabe dialogischer Erziehung zwischen Lehrer und Schüler

Diese Themen sind nicht nur unter dem Aspekt des Dialogs zu sehen, sondern schließen Fragen der Lehrerausbildung und -weiterbildung sowie curriculare Fragen ein. Jedoch wird die Lehrertätigkeit im Dialog mit den Schülern der für alle Partner verbindliche Bezugspunkt sein sowie die Orientierung an allgemeinen Lebensweltproblemen der Kinder und Jugendlichen in den einzelnen europäischen Ländern.

Dabei erscheint uns auch die Frage für Ost- und Westeuropa gleichermaßen interessant, wie Schule heute die Jugend vorbereitet auf eine sich mehr und mehr verändernde Lebens- und Arbeitswelt, die u.a. gekennzeichnet ist durch immer weniger Arbeit für viele Menschen bei wachsenden Konsumbedürfnissen und unter sich verstärkenden Einflüssen ‚fremder' Kulturen.

Dieses Projekt, daß bei der Europäischen Kommission in Brüssel z.Z. das Antragsverfahren durchläuft, wurde für drei Jahre konzipiert und sieht nicht nur eine Kooperation zwischen Wissenschaftlern der einzelnen Länder, sondern auch zwischen Schulpraktikern von Grund- und Regelschulen vor. Entsprechend der länderspezifischen Aufgabenstellung werden pädagogische Handlungsstrategien und Unterrichtsmodelle erprobt und evaluiert, um dieselben im Rahmen von Veranstaltungen der Lehrerausbildung und -fortbildung zu nutzen.

Dafür streben die einzelnen Teilprojekte folgende Ergebnisse an:

Deutschland: Mehrperspektivischer Unterricht und dialogische Erziehung als Realisierungsform eines europäischen Bildungsverständnisses – Planung und Gestaltung von Unterricht in Beispielen (Buch)

Großbritannien: Sprachbewußtsein im Kontext eines multikulturellen Europas – praktische Konzepte für Lehrer (CD-ROM)

Litauen: Psychologische Aspekte der Entwicklung pädagogischer Handlungskompetenz im Kontext dialogisch begründeter Unterrichtssituationen: praktische Handlungsanleitungen für den Lehrer (Buch)

Niederlande: Abstimmung der Lehrer-Schülerperspektiven in der dialogischen Erziehung (Video)

Ungarn: Dialogische Erziehung als Möglichkeitsfeld für Konfliktbewältigung – Trainingsprogramm für Lehreraus- und Lehrerweiterbildung (Materialien)

Darüberhinaus wird von dem Gesamtprojekt ein Bericht über die Implementationsmöglichkeiten der einzelnen Ergebnisse für den Schulalltag angestrebt.

Mit diesem länderübergreifenden Projekt werden u.E. auch die Theorie und Praxis „interkulturellen Lernens" im Rahmen „intensiver binneneuropäischer Kulturkontakte" sowohl zwischen den Wissenschaftlern der verschiedenen Hochschuleinrichtungen als auch zwischen den Lehrern der verschiedenen Schulen in einen neuen Argumentationszusammenhang gestellt. Dies impliziert auch einen intensiven wissenschaftlichen Diskurs über die verschiedenen nationalen Schul-, Unterrichts- und Lehrerbildungsreformen.

Im weiteren möchte ich kurz einige Gedanken zum „Erfurter Projekt" im Rahmen des Gesamtprojektes skizzieren.

3. Mehrperspektivischer Unterricht und dialogische Erziehung als eine Praxisform zur Umsetzung der europäischen Dimension

Die Herausforderung von Europabewußtsein im Unterricht geht nicht nur von innen nach außen, vom Nahen zum Fernen, vom Erlebten und Bekannten zum weniger und noch nicht so Vertrauten und Zukünftigen, sondern bedeutet auch Nähe suchen und Distanz gewinnen. Es geht also in einem Unterricht, der die Perspektivenvielfalt im Hinblick auf Europa ins Kalkül zieht, auch um das distanzierende Reflektieren, die Ausbildung von Begriffen für die Interpretation von Erfahrung, die Verfremdung des bereits Bekannten, um nur einiges zu nennen.

Um dem Anspruch eines derartigen Unterrichts, der für die Schüler bildend sein will, zu genügen, darf Unterricht nicht nur Wissen oder Kompetenzen vermitteln; vielmehr muß er die Schüler zu einem reflexiven Lernprozeß herausfordern und zur Urteilsbildung befähigen. Hierzu gehört auch, daß das Lehren und Lernen nicht beim erworbenen Wissen und Können haltmacht. Deren Bedingtheit und Überholbarkeit sind zur Sprache zu bringen. Der Schüler ist hierbei als ein in seiner Jugend in eine disziplinierte gedankliche Selbständigkeit ,Umzuwendender' zu sehen, den keine wissenschaftliche Aussage, keine lebensweltliche Regelung, kein moralisches oder ästhetisches Urteil als selbstverständlich wahr, als unbedingt gewiß beeindrucken und in Beschlag nehmen wird. Ihm ist ,philosophisch' etwas zu denken aufzugeben, nicht bloß etwas zu lernen und zu leisten. Das aufzugebende Bedenken des Sinns und der Bedingtheit alles dessen, was zur Sprache gelangt, ist durch die Konfrontation mit unterschiedlichen Auffassungen vor dialogisch uneinlösbaren Verabsolutierungen zu bewahren und gegebenenfalls erst einmal in Gang und auf den Weg zu bringen. Dies erfordert den Entwurf und die Erprobung von Unterrichtskonzepten, welche unter Verzicht auf normative Weltanschauungen und geschichtsphilosophische Konstrukte die Welterfahrung (wissenschaftliche Welt, Lebenswelt) und den zwischenmenschlichen Umgang der Schüler und Lehrer in Richtung auf eine reflexive Urteilskraft der Schüler erweitern.

Wir wollen mit unserem Ansatz „Mehrperspektivischer Unterricht und dialogische Erziehung" ein derartiges Unterrichtskonzept unter dem Anspruch der europäischen Dimension in der Schule erproben.

,Europa' ist dabei primär nur in einer Art und Weise vermittelbar, die den Lernvoraussetzungen der Schüler entspricht. Der Unterricht muß hierbei unmittelbar an die Erfahrungen und Interessen der Kinder anknüpfen. Im Unterschied zum bloßen ,Wissen', mit dessen Hilfe den Schülern bestimmte Kenntnisse und Fähigkeiten hinsichtlich der europäischen Wirklichkeit ,beigebracht' werden können, ist es vor allem der alltägliche ,Umgang' der Schüler, der sie dazu befähigt, das schulische Wissen sinngemäß anzuwenden und positive Entscheidungen bezüglich einer Zukunft zu treffen, die vor allem sie selbst betrifft. Die Vorgaben der Erwachsenengeneration können nur über diese selbstbestimmte Motivation der nachwachsenden Generation mit Inhalt gefüllt werden und am Leben erhalten bzw. den sich ändernden Anforderungen entsprechend korrigiert und sogar revidiert werden. Der alltägliche ,Umgang' der Schüler, der sie ihre Erfahrungen mit der Erwachsenenwelt machen läßt, lange bevor und längst wenn die Schule ihre Wirksamkeit zu entfalten beginnt bzw. begonnen hat, muß zu einem gewissen – begrenzten – Teil des organisierten Unterrichts werden, so daß er, auf diesen Lernvoraussetzungen aufbauend und sie so ins Reflexionspotential der Schüler einholend, ,Europa' für die nachwachsenden Generationen ein Stück weit Gestalt werden lassen kann.

Die Schule bietet hierzu gute Voraussetzungen. So enthalten z.B. die Lehrpläne in Thüringen zur Erschließung der europäischen Dimension in differenzierter Weise konkrete Ziele und Themen sowie Hinweise auf geeignete Inhalte und zweckmäßige Arbeitsformen. Jedoch ist der Erlebnis- und Erfahrungshorizont für die europäische Dimension viel breiter als Unterricht und Schulleben. Als ‚Umgang' gehört die ganze Bandbreite des täglichen Lebens in diesen Horizont und kann nur so zur Erschließung der europäischen Dimension genutzt werden.

Nur in dialogisch verfaßten Unterrichts- und Schulsituationen können die Differenzerfahrungen, die Schüler sowohl am Unterrichtsgegenstand wie auch am anderen Menschen machen, bewußt gemacht und auf künftiges Handeln modifizierend bezogen werden. Denn die sich ändernden Lebensbedingungen in modernen Industriegesellschaften verändern auch zeitgleich die Anforderungen an Erziehung und Bildung der nachwachsenden Generation: Das Aufwachsen in divergenten Lebenswelten, die Enttraditionalisierung und Individualisierung soziokultureller Lebensformen, der weltanschauliche Pluralismus und die Mediatisierung von Erfahrungen stellen die Heranwachsenden vor neuartige Probleme der Identitätsfindung und lebensweltlichen Orientierung und erschweren ihre gesellschaftliche Integration. Letzteres wird in Verhaltensauffälligkeiten, Motivationsverlusten, Disziplinschwierigkeiten und Gewalttätigkeiten deutlich, worüber Lehrer im Schulalltag zunehmend häufiger klagen.

Die heute wieder aktuelle reformpädagogische Forderung ganzheitlicher Lernprozesse aber muß angesichts divergenter Lebenswelten durch die Verknüpfung vielfältiger Lernformen mit unterschiedlichen Lernorten innerhalb und außerhalb der Schule ergänzt werden.

In einem mehrperspektivisch angelegten Unterricht müssen die schulischen Lerninhalte für verschiedene Deutungen ebenso wie die Schüler für unterschiedliche Sichtweisen geöffnet werden. So kann die reformpädagogische Rekonstruktion einer praktischen Einheit von Leben und Sitte, Lernen und Arbeiten in der schulischen Gemeinschaft immer wieder durch Differenzerfahrungen durchbrochen werden, die den Lebensalltag der jüngeren wie der älteren Generation gleichermaßen bestimmen.

Damit stellt mehrperspektivischer Unterricht immer einen zweifach interaktiven Prozeß dar. Dieser Prozeß umfaßt einerseits die Interaktionen über den Lerngegenstand sowie andererseits die Interaktionen über den Lernvorgang. Unterricht ist damit so zu gestalten, daß er dem Schüler ermöglicht, an seiner Erfahrung anzuknüpfen, so daß er handlungsentlastet über die Sache oder über bestimmte Verhältnisse zu philosophieren und zugleich praktisches Handeln anzubahnen vermag. Was die Interaktionen über den individuellen Lernvorgang betrifft, so hat der Lehrer die Aufgabe, dem Schüler dabei behilflich zu sein, in Interaktionen mit dem anzueignenden Gegenstand zu treten, und dazu muß der Schüler dem Lehrer in irgendeiner Weise seine Erfahrungs- und Umgangskontexte offenbaren.

Dabei sind Erfahrung und Umgang nicht nur Ausgangspunkte der Perspektivenvielfalt des Unterrichts, sondern zugleich bleibende Horizonte menschlicher Praxis, von denen Unterricht nicht nur ausgehen, sondern auf die er wieder hinführen muß. Damit folgt ein mehrperspektivischer Unterricht weder einfachen strukturellen Gesetzmäßigkeiten eines Lehrstoffes noch den verbindlichen Normvorstellungen der Erwachsenengenerationen. Er transformiert vielmehr die anzueignende Sache und ihre Struktur ebenso wie die vorgegebenen Normen der Erwachsenengenerationen in Handlungsvollzüge des Lernenden.

Dies erfordert nun aber auch, Möglichkeiten für die Organisation derartiger Lernprozesse zu schaffen, die es erlauben, den Schüler als selbsttätiges, entscheidungs- und handlungsfähiges Subjekt zu sehen und zu behandeln. Unterricht hat somit nicht nur an den Erfahrungs- und Umgangshorizonten der Heranwachsenden anzuknüpfen, um diese zu erweitern, sondern er muß darüberhinaus in mannigfaltiger Weise Übergangsmöglichkeiten für alltägliche, gesellschaftliche Handlungssituationen, in denen Schüler selber denken, urteilen und handeln können, gewährleisten. Dies erfordert dann aber auch ein reflexives Verhältnis zwischen den Generationen (Lehrer-Schüler), offene Kommunikations- und Interaktionsformen, so daß es möglich wird, unterschiedliche Sichtweisen, Orientierungen und Sinndeutungen zu reflektieren.

Um es kurz zu sagen: In einem mehrperspektivischen Unterricht müssen die schulischen Lehrinhalte für verschiedene Deutungen ebenso wie die Schüler für unterschiedliche Sicht- und Aneignungsweisen geöffnet werden. Damit wird dann zugleich Dialogfähigkeit zu einer zentralen Aufgabe eines derartigen Unterrichts. Dialogische Erziehung setzt dabei nicht nur mehrere Dialogpartner voraus, die sich in ihrer Eigenart unterscheiden, sondern auch eine Sensibilität für die Perspektivenvielfalt von Lerngegenständen, die unterschiedliche Aneignungsweisen für den Einzelnen zulassen. Nur in dialogisch verfaßten Unterrichts- und Schulsituationen können die Schüler Differenzerfahrungen sowohl am Unterrichtsgegenstand wie auch an anderen Menschen machen, bewußt reflektieren und auf künftiges Handeln modifizierend beziehen.

Da die mit dem europäischen Einigungsprozeß verbundene Problematik einer politischen Selbstbestimmung des noch werdenden europäischen Bürgers eine das ganze 20. Jhdt. durchziehende Geschichte hat, deren Unwägbarkeiten sowohl in die Vergangenheit der Erwachsenen zurückreichen als auch in die Zukunft der künftigen Generationen vorausreichen – und da es für den Schulunterricht selbst konstitutiv ist, daß in ihm Lernprozesse in Gang gesetzt werden, die zumindest den Schülern etwas Neues, noch nicht Gekanntes vermitteln sollen – stellt sich die Frage nach der spezifisch dialogischen Struktur jenes Übergangsbereiches zwischen Neuem und Altem, Fernem und Nahem, an dem der Unterricht zu verorten wäre.

Perspektivenvielfalt im Unterricht ermöglicht solche Lernprozesse, die den eigenen, zunächst immer naiv und egozentrisch begrenzten Blick auf die Wirklichkeit überschreiten und neue Perspektiven eröffnen. Im Wechsel der Perspektiven gilt es, den Aspektreichtum der Wirklichkeit zu entdecken und eine Beweglichkeit im Sehen und Denken zu gewinnen. Letztlich geht es darum, die Wirklichkeit mit anderen Augen sehen zu lernen. Dies erfordert vom Schüler, mit unterschiedlichen Perspektiven zu experimentieren und umgehen zu lernen. Dieser Perspektivenwechsel provoziert ein Nachdenken darüber, ob man eine bestimmte Sache oder ein bestimmtes Verhältnis nicht auch noch anders sehen könnte.

Perspektivenwechsel sind bereits dort notwendig, wo in Gesprächen Standpunkte voneinander geschieden werden, wo Verständigung gesucht wird, Einfühlungsvermögen (Empathie) gefragt ist und Meinungsverschiedenheiten ausgehalten werden müssen. Insofern kommen elementare Voraussetzungen von Dialogfähigkeit in den Blick, wenn von Schülern erwartet wird, daß sie sich in andere Mitschüler hineinversetzen und in der Schule verschiedene Rollen übernehmen. Gerade die Übernahme öffentlicher Rollen im Rahmen von Projekten kann eine Erweiterung von Perspektiven auf die Wirklichkeit (auf Wissen und Umgang) wirksam unterstützen.

Gerade die „europäische Dimension" der Bildung in Schule und Unterricht sowohl als fächerübergreifendes Prinzip für die Erziehungsarbeit zu gestalten als auch die Spezifik der einzelnen Unterrichtsfächer mehr unter dem Gesichtspunkt der Weiterentwicklung eines europäischen Bewußtseins bei den Schülern zu betrachten, verweist auf eine hohe Sensibilisierung bezüglich der Lebensbedingungen der Kinder und auf die Bereitschaft, sich damit auseinanderzusetzen sowie die Gestaltung von Schule und Unterricht an diesen Bedingungen zu orientieren. Dabei sind z.B. Projekte nicht als Aktionismus zu verstehen, sondern als ein ‚Höhepunkt' in der Unterrichts- und Erziehungsarbeit. Hierbei ist ein derartiges Projekt im allgemeinen Unterrichtsgeschehen mit den Schülern langfristig aus der Perspektivenvielfalt ihrer Erfahrungen und ihres Umgangs sowie der Fächer vorzubereiten, und bestimmte Erkenntnisse oder Verfahrensweisen aus dem Projekt sollten in nachfolgenden Unterrichtseinheiten der verschiedenen Fächer weiter modifiziert bzw. vertieft werden. Damit wird unmittelbar das Verhältnis von fächerübergreifendem Lernen und von Mehrperspektivität angesprochen.

Fächerübergreifendes Lernen, wie es in einem „Europaprojekt" stattfindet, soll Themen und Inhalte näher an die Alltagsrealität und an die Lebenswelt der Kinder anbinden; es soll helfen, fachspezifische Verengungen zu überwinden und die Kooperation und Zusammenarbeit zwischen den Schulfächern und den Lernbereichen zugunsten einer problemorientierten Bearbeitung von Themen und Aufgaben zu fördern. Auch soll es den Sinn schulischen Lernens leichter erfahrbar machen. Fächerübergreifendes Lernen sucht bezüglich der europäischen Dimension seine

Verankerung in Fragestellungen, die sich sowohl aus der Perspektive der Schüler ergeben und die im isolierten Nebeneinander von Fächern und Lernbereichen verloren zu gehen drohen, als auch in Fragestellungen, die sich aus den Perspektiven des Bildungsgehaltes der Fächer ergeben.

Allerdings liegen, wenn man die Fachperspektiven auf eine Sache ungenügend beachtet, auch im fächerübergreifenden Lernen Gefahren. Wissenschaftsorientiertes Lernen in der Schule darf nicht zugunsten eines vielleicht romantischen, naiven und nur durch unmittelbare Anschauung geprägten Weltverständnisses aufgegeben werden. Wir befähigen die Schüler nicht zu einer vernünftigen Selbstbestimmung, zu Kooperations- und Solidarfähigkeit sowie zu eigener Urteilskompetenz, wenn wir sie nur in ganzheitlich-sinnlicher Weise zur Welt ins Verhältnis setzen. Deshalb ist das Prinzip der Perspektivenvielfalt bzw. der Mehrperspektivität im Hinblick auf den Unterricht sowie auf das fächerübergreifende Lernen wichtig. Mehrperspektivisch bedeutet dann auch, ein Thema oder einen Lerngegenstand so zu erschließen, daß dabei auch die Perspektiven der Fächer zum Tragen kommen.[7]

Fachperspektiven sind notwendig, aber sie müssen als eine bestimmte und damit nur begrenzt gültige Sichtweise deklariert werden, die auf die Wahl bestimmter Prämissen und spezifischer Methoden zurückzuführen ist. Sie sind auf einer übergeordneten Plattform als Beitrag zum Verständnis des Ganzen zu verorten. So wird auch deutlich, daß übergreifende Problemstellungen, wie z.B. ein „Europaprojekt", immer die Zuarbeit von einzelnen Fächern (Disziplinen) erfordern. Es gibt aber außerhalb von fachspezifischen oder einzelwissenschaftlichen Sichtweisen immer auch den subjektiv und persönlich gefärbten, den erfahrungs- und erlebnisbezogenen Zugriff. Eine mehrperspektivische Sichtweise, die auch in fächerübergreifendem Lernen nicht verwischt werden darf, sondern diese gerade konstituiert, kann dazu beitragen, daß die Wirklichkeit oder ein Lerngegenstand nicht nur aus einem Blickwinkel heraus betrachtet wird, daß es vielmehr unterschiedliche Wege gibt, diese Wirklichkeit zu verstehen oder zu erklären bzw. sich diesen Lerngegenstand anzueignen.

Mehrperspektivität impliziert also die Polarität zwischen sowohl individuellen als auch gesellschaftlichen Ansprüchen und der Entfaltung von Subjektivität. Sie impliziert eine Polarität zwischen einem Sachanspruch (und das heißt auch Wissenschaftsorientierung) und der Orientierung an den Erfahrungen, Fragen, Bedürfnissen sowie den Lernstrategien der Schüler; zwischen Lebensnähe und rationaler Distanz; zwischen gelenkten und selbstbestimmten Lernprozessen sowie zwischen erfahrungsbedingtem und umgangsorientiertem Lernen. Letztlich muß die Berechtigung der Schülerfrage „Was hat das mit mir zu tun?" darin gesehen werden, daß es in jedem Unterrichtsgegenstand auch eine Dimension des Umgangs gibt, die im unterrichtlichen Vermittlungsgeschehen verloren zu gehen droht und immer wieder aufs Neue eingeholt werden muß, soll der angestrebten Handlungs- und Urteilskompetenz des Schülers eine persönliche Motivationsgrundlage entsprechen. Ohne diese im strengen Sinne subjektive Motivation kommt es zu keiner objektiven Bildung von Gedankenkreisen – dies wußte schon J. F. Herbart.[8]

Dabei stellt die Ausweitung und Strukturierung des vorhandenen Lernangebotes in europäischer Perspektive zweifelsohne eine Bereicherung für die Bildung der Schüler dar. Die Umsetzung der europäischen Dimension in Unterricht und Schule impliziert z.B., die Wertschätzung der Heimat und die Öffnung nach Europa als sich bedingende Komponenten einer verantwortungsvollen Erziehung zu begreifen. Nur über eine mehrperspektivische Auseinandersetzung mit dieser Realität ist es möglich, grundlegende Fragen der Bildung so anzugehen, daß auch eine Kultivierung des Fragens und der Neugier, ein problemorientiertes Denken und eine Befähigung zum Dialog und zur Kooperation darin aufgehoben sind.

Verallgemeinernd möchte ich festhalten: Wo durch Unterricht Fremdes vertraut gemacht, Vertrautes aber auch verfremdet wird; wo Formen des Annäherns, aber auch des Distanzierens gesucht werden; wo man sich probeweise auf Gewohntes und Bewährtes einläßt, sich aber mit Problemen konstruktiv auseinandersetzt; wo das Bestehende akzeptiert, aber auch durch hypothetische Entwürfe überschritten wird; wo soziales Engagement gefördert wird und Möglichkeiten für die Übernahme von Verantwortung geboten werden – in all diesen Möglichkeitsfeldern unterrichtlichen und schulischen Handelns besteht die Chance, die Schüler in ein Verhältnis zu den gegebenen Phänomenen sowie zur gesellschaftlichen und sozialen Realität zu bringen, das sie ermutigt und ihre Fähigkeit zu einer vernünftigen Selbstbestimmung, zur Kooperations- und Solidarfähigkeit steigert und so den Zugang zu den komplexen Sachbezügen und den immer komplizierter werdenden sozialen Verhältnissen erleichtert.

Ein solcher mehrperspektivischer Unterricht aber setzt seinerseits ein dialogisches Erziehungsverständnis voraus, das die asymmetrische Lehr- und Lernsituation in der Schule als Abbild des traditionellen Generationengefälles überwindet und Schüler zu einem produktiven Umgang mit differenten Lebens- und Lernerfahrungen anhält.

Anmerkungen

1.) vgl. Protz, S.: Die Bedeutung des Bildungsgedankens für eine europäische Schulreform, in: Protz, S. (Hrsg.): Europa als Bildungsgemeinschaft ..., Rudolstadt und Jena 1997, S.49-71

2.) vgl. Europäische Kommission (Hrsg.): Europa verwirklichen durch die allgemeine und berufliche Bildung, Luxemburg 1997

3.) Benner, D.: Ansprache auf dem 14. Kongreß der DGFE vom 14.-16.März

1994 in Dortmund. In 32. Beiheft der Z.f. Päd., Weinheim 1994, S.15-19

4.) ebd.

5.) Ruhloff, J.: Kulturbegegnung als Herausforderung an Bildung und Erziehung. Überlegungen im Hinblick auf „Europa 1993“. In Z. f. Päd., Heft 3 1992, S.354

6.) ebd.

7.) vgl. Dunker, L.: Zeigen und Handeln. Studien zur Anthropologie der Schule, Langenau-Ulm 1996

8.) vgl. Protz, S.: Mehrperspektivität als Konstituente eines bildenden Unterrichts, in: Protz, S., Barth, G.: Schule und Dialog. Diskussionen von Schule und Unterricht, Rudolstadt und Jena 1997, S.187-209

4. Nachgefragter Beitrag

Schulreform durch Versuchsschulen
Der Schulversuch Jenaplan – Initiative Weimar

Gernot Barth

Schulversuche zur Erprobung von Alternativen im Bildungssystem sind seit jeher Bestandteil der bürgerlichen Gesellschaft, da diese selbst in ihrer Entwicklung immer vor verschiedenen Alternativen steht. Schulversuche versuchen daher, neue Möglichkeiten im Rahmen vorgängiger gesellschaftlicher Veränderungen zu erproben.[1]

Konzepte einer anderen, „besseren" oder „alternativen" Schule entstehen meist aus den Wunschvorstellungen von Lehrern, Eltern und/oder Wissenschaftlern, die diese im wohlverstandenen Interesse für die nachwachsende Generation entwikkeln. Lehrer erwarten davon meist bessere Arbeitsbedingungen und einen anderen Lernerfolg bei ihren Schülern. Eltern erwarten eine befriedigendere Schulzeit für ihre Kinder, als sie selbst erlebt haben und oft bessere Karrieremöglichkeiten für diese. Wissenschaftler wiederum wissen um die uneingelösten Versprechen neuzeitlicher Schulreformen zur Veränderung des Schullernens in der deutschen staatlichen Pflichtschule und versuchen, zwischen den Reformideen und der dahinter immer zurückbleibenden Schulwirklichkeit in jedem Schulversuch von neuem eine andersartige Vermittlung zustandezubringen.

Das Institut für Schulpädagogik der Pädagogischen Hochschule Erfurt ist seit 1994 mit der wissenschaftlichen Begleitung des Schulversuches Jenaplan Weimar beauftragt. Dieser Schulversuch ordnet sich derart in die Versuchsschulstrategie des Thüringer Kultusministeriums ein, als hier untersucht wird, wie Prinzipien des von Peter Petersen konstruierten Jenaplans in eine modernisierte Grundschule vor dem Hintergrund sich ändernder Lebensbedingungen in der modernen Industriegesellschaft überführt werden können. Die sich verändernden Bedingungen des Aufwachsens, auf die Schule in der Moderne reagieren muß, sind u.a. gekennzeichnet durch ein Leben in divergenten Lebenswelten, durch eine Enttraditionalisierung und Individualisierung soziokultureller Lebensformen, durch einen weltanschaulichen Pluralismus jenseits der familiären Sozialisation und durch eine Mediatisierung von Erfahrungen der Heranwachsenden. Daraus ergeben sich neue Möglichkeiten für die lebensweltliche Orientierung der Kinder und für das Lernen der Schüler. In diesem Bedingungsfeld liegen Chancen und Risiken für eine gelingende Erziehung in der Moderne. Erstere liegen in einer zunehmenden Selbstbestimmung und Selbstverantwortung der Heranwachsenden für das eigene Verhalten. Letztere zeigen sich in immer wieder von Lehrern beklagten Verhaltensauffälligkeiten, Motivationsverlusten, Disziplinschwierigkeiten und Gewalttätigkeiten von Schülern.

Gerade auf diesen Ebenen können die Stärken des Jenaplans und seiner Arbeit in jahrgangsübergreifenden Lerngruppen (Stammgruppen) liegen. Tritt dieses Schulkonzept doch mit dem Anspruch an, Lernen auf gemeinschaftlicher Grundlage zu realisieren und die integrativen Kräfte der Gemeinschaft zur Ausbildung der Lernmotivation und zur Ausbildung von Fähigkeiten zur gewaltfreien Konfliktlösung durch eine starke kommunikative – diskursive und dialogische Orientierung zu nutzen.

Unter kritischer Nutzung reformpädagogischer Motive wie der Pädagogik „vom Kinde aus", und der „natürlichen Erziehung" und reformpädagogischer Organisationsformen gehört zu der Neuorientierung der Grundschularbeit im Schulversuch u.a.[2]:

- die Gestaltung eines sowohl differenzierenden als auch integrierenden Unterrichts, der auch sehr unterschiedliche Lernmöglichkeiten der Schüler angemessen berücksichtigt und zugleich gemeinschaftliche Lernaktivitäten ermöglicht;
- die Gestaltung des Unterrichts und des Schullebens zu einem Ort gemeinsamer Grunderfahrungen, der Selbsterprobung und Vorbereitung auf eine verantwortliche Teilhabe am gesellschaftlichen Leben;
- die Gestaltung der fachbezogenen Aneignung von grundlegendem Wissen zu einer ganzheitlich orientierten Persönlichkeitsentwicklung von Grundschülern durch
  - mitgeplante, selbstgestaltete und selbstkontrollierte Lernprozesse,
  - teilweise Integration von Unterrichtsfächern in fächerverbindende Lernbereiche bzw. fächerübergreifende Erziehungsaufgaben,
  - Verbindung von spielerischen und systematischen Formen des Umgangs mit Lerngegenständen und Situationen.

Die heute oft übernommene reformpädagogische Forderung nach ganzheitlichen Lernprozessen muß in der modernen Lebenswelt dahingehend ausgelegt werden, daß sie vor dem Hintergrund divergenter Lebenswelten mit vielfältigen Lernorten und Lernformen verknüpft werden (Öffnung von Schule und Unterricht) und auf diese Weise Abschied von einer normativen Formung des ganzen Menschen nehmen. Nur so können die gruppenspezifischen, vor allem familialen Erfahrungen und Umgangsformen, die vor- und außerschulisch angeeignet wurden, überschritten werden. In diesem Sinne wird die Beschränkung der reformpädagogischen „Familienschule" Peter Petersens überwunden und um die Vielfalt heutiger Lebens- und Lernaufgaben ergänzt und in Auseinandersetzung mit unterschiedlichen Problemzugriffen und -sichtweisen reflektierte Interpretationsmuster der eigenen Person und ihrer Lebenswelt entwickelt. Damit wird gleichzeitig der einseitige Gemeinschaftsbezug reformpädagogischer Schulpädagogik mit seiner Überbetonung der unmittelbaren Beziehungsdimension zwischen Lehrern und Schülern zugunsten eines selbstreflexiven und selbstdistanzierenden Lernens überwunden und sowohl Distanzierungsfähigkeit zur Sache (Unterrichtsinhalt) als auch Distanzierungsfähigkeit zu anderen Menschen als eine zivilisatorische Notwendigkeit gelernt.

Zu den individualisierend und differenzierend genutzten reformpädagogischen Organisationsformen gehören:

- die offene Eingangsphase und der Morgenkreis zur Einstimmung der Schüler und Lehrer auf die schulischen Lernprozesse (Motivation),
- der Unterricht in der jahrgangsübergreifenden Stammgruppe anstelle der Jahrgangsklasse zur Stärkung der Kooperations- und Konsensfähigkeit der Schüler,
- der Kursunterricht als Jahrgangsunterricht zur Sicherung einer grundlegenden Allgemeinbildung,
- die Wochenereröffnungs- und die Wochenschlußfeier als Formen zur Selbstpräsentation der Schüler,
- die Arbeit der Schüler nach dem Wochenplan zur Ausbildung selbstbestimmten und selbstkontrollierten Lernens,
- die Elternmitwirkung vor allem im Schulleben zur Stärkung des Erziehungsauftrages der Schule und ihrer Öffnung zur außerschulischen Lebenswelt,
- der Verzicht auf Notengebung durch die Lehrerinnen bis zum 3. Schuljahr zugunsten von Eigen- und Fremdbewertung in Schüler-Lehrer-Eltern-Gesprächen und Lernberichten.

Veränderungen schulischen Lernens am Beispiel des Projektes „Lesespaziergang“ [3]

Auf der Grundlage des Konzeptes für den Schulversuch Jena-Plan Weimar hat die wissenschaftliche Begleitung gemeinsam mit den Lehrerinnen nach einem Unterrichtsbeispiel gesucht, an dem sich Sinn und Bedeutung verschiedener Grundelemente dieses Konzeptes einer reformpädagogisch orientierten und zugleich modernen Schule aufzeigen lassen. Dabei geht es vorrangig um die Zielperspektive einer Öffnung von Schule einerseits und eines bildenden Unterrichts andererseits, der das didaktische Prinzip der Mehrperspektivität bei der Sacherschließung mit dem allgemeinen Erziehungsprinzip dialogischer Bedeutungs- und Beziehungsdefinitionen in der unterrichtlichen Aufgabensituation verknüpft.[4] Diese doppelte Zielperspektive ist maßgebend für das Projekt „Lesespaziergang“. Der Durchführung ging eine Planungsphase voraus, in der die wissenschaftliche Begleitung ihre theoretischen Vorüberlegungen im Sinne ihres Handlungsforschungsansatzes mit den am Projekt beteiligten Lehrerinnen ausführlich beriet und konkrete Vereinbarungen über die Durchführung dieses Projektes traf.[5]

Die Darstellung des Projektverlaufes erfolgt in drei Schritten:

1. das Projekt „Lesespaziergang“ unter der doppelten Zielperspektive einer Öffnung von Schule einerseits und eines bildenden, mehrperspektivischen und dialogischen Unterrichts andererseits,
2. Planung und Durchführung des Projektes,
3. Ergebnisse

Der erste Schritt: Unter der doppelten Zielstellung einer methodischen, thematischen und institutionellen Öffnung von Schule einerseits und einer Neugestaltung des Schulunterrichts im Sinne mehrperspektivischer Sacherschließung und dialogischer Bedeutungs- und Beziehungsdefinitioen andererseits wurde das Projekt „Lesespaziergang“ von Lehrerinnen und wissenschaftlicher Begleitung unter folgenden Forschungsfragen geplant und durchgeführt:

a) Wie können Petersens „Urformen“ der Bildung – Gespräch, Arbeit, Feier und Spiel – für systematische (exemplarische) und orientierende (diskursive) Lernprozesse genutzt werden, um über ihre reformpädagogischen Intentionen hinaus (inter-)kulturelle[6], ästhetische und sittliche Bildungsprozesse anzuregen?
b) Wie können die Möglichkeiten der Stammgruppe als jahrgangs- und fachübergreifender Lerngruppe für eine wechselseitige Abstützung sachbezogener und sozialer Lernprozesse genutzt werden?
c) Wie können schulische und außerschulische Erfahrungs- und Lernprozesse so aufeinander bezogen werden, daß sich die subjektive Bedeutsamkeit des Erwerbs von Kulturtechniken wie Lesen und Schreiben erhöht und dabei ein distanziert reflektierendes Weltverständnis und Selbstverhältnis möglich wird?

Hinsichtlich der ersten Grundschulklasse stellte sich den Lehrerinnen zunächst die Aufgabe, die Schüler in das für sie neue Zusammenleben in der Institution Schule einzuführen und sie mit den ebenso neuen Aufgaben der schulischen Zusammenarbeit bekannt zu machen. Um die Lernmotivation der Schüler zu steigern und ihre Fähigkeit zu entwickeln, die Organisation ihrer Lernprozesse fortschreitend selbst zu steuern, – Kompetenzen, die gerade in Projekten mehr und mehr vorausgesetzt werden müssen – ,wurden die Schüler in die schulische Handlungs- und unterrichtliche Aufgabensituation von vornherein nicht nur durch bloße Erklärungen und Anweisungen eingeführt, obwohl sich dies in den ersten Schulwochen nicht gänzlich vermeiden ließ. Vielmehr wurden Regeln des Zusammenarbeitens und Zusammenlebens im Sinne eines bildenden, mehrperspektivischen und dialogischen Unterrichts diskursiv eingeführt und dabei folglich auch die außerschulischen Erfahrungen der Schüler mit Sach- und Verhaltensproblemen und ihre eigenen Sichtweisen und Bedeutungszuschreibungen verstärkt berücksichtigt. Auf diese Weise wurden die Schüler schon frühzeitig vor dem Projekt daran gewöhnt, sich selbst Aufgaben zu stellen und sie entsprechend ihres Kenntnisstandes zu lösen und nicht nur vorgegebene Problem- und Fragestellungen zu bearbeiten. Dabei darf aber nicht darüber hinweggesehen werden, daß es letztlich der Lehrer ist, der die schulische Lernwelt arrangiert, d. h. im Sinne Petersens „vorordnet" und bei den Lernprozessen immer wieder eingreifen muß, damit den Schülern fortschreitende Selbststeuerung möglich wird (Petersen: „Führung des Unterrichts" und „Führung im Untericht"). Die Öffnung der Schule zur außerschulischen Lebenswelt der Schüler hin eröffnet dabei gleichzeitig die Möglichkeit, den Unterricht lebensnäher und damit zugleich effektiver zu machen, da mit einer erhöhten Motivation auf Seiten der Schüler gerechnet werden kann.

Im Sinne dieser den Schulversuch leitenden Reformidee wurde das Projekt „Lesespaziergang" als Suche der Schüler nach Wörtern im Umfeld ihrer Schulen angelegt, die sie in Begleitung der Lehrerinnen selbständig entdecken und als verschriftlichte menschliche Sinnbezüge entschlüsseln sollten. Dabei sollte jeder Schüler nicht nur seine eigene Perspektive auf das von ihm in der außerschulischen Lebenswelt entdeckte Wort entwickeln. Vielmehr sollte auch mit Hilfe der unterschiedlichen Perspektiven anderer Schüler das Wortfeld mit seinen verschiedenen Sinnbezügen erschlossen werden. Diese pädagogische Intention sollte nicht nur in der Gleichaltrigengruppe auf dem Lesespaziergang realisiert werden. Vielmehr sollten anschließend in der für den Jena-Plan spezifischen Organisationsform der Stammgruppe noch einmal neue Lernprozesse ausgelöst werden, indem die Erstklässler dort noch einmal mit den unterschiedlichen Perspektiven und Sinnbezügen der beiden älteren Jahrgänge konfrontiert wurden. In beiden Fällen aber handelt es sich um die Entdeckung von Sinnbezügen einer im Gegensatz zum Schullernen eben nicht vom Lehrer vorgeordneten, außerschulischen Lebenswelt, bei der die Vermittlung elementarer Kulturtechniken wie Lesen und Schreiben mit sachbezogenen und zugleich persönlich bedeutsamen Prozessen verknüpft werden kann.

Die Planung begann mit einer Ausgangsanalyse der Situation des Erstleseunterrichts im ersten Jahrgang des Jena-Plan-Schulversuchs. Entsprechend den Planungsgesprächen der wissenschaftlichen Begleitung mit den Lehrerinnen im Schulversuch wurde das Projekt „Lesespaziergang" in vier Phasen untergliedert:

1. Phase: Einführung in die Aufgabe
Die Lehrerin erläutert zunächst im Rahmen der Stammgruppe im Morgenkreis die zu lösende Aufgabe, auf einem Erkundungsgang durch das Umfeld der Schule Wörter zu entdecken, sie lesen und schreiben zu üben und ihren Bedeutungsgehalt zu entschlüsseln. Dabei werden mit den Schülern insbesondere die Zielsetzungen und der organisatorische Ablauf des Projektes detailliert besprochen. So soll ein Wörterbuch angelegt werden, in das die Schüler die von ihnen in der außerschulischen Lebenswelt entdeckten Wörter notieren bzw. „malen", weil die Mehrzahl

der Schüler einen Teil der Buchstaben noch nicht kennt. Außerdem wird eine „Wörterkiste“ angelegt, in der jeder Schüler die entdeckten Wörter sammelt. Diese Wörterkiste kann über das Projekt hinaus von den Schülern weitergeführt werden. Desweiteren legen die Schüler eine „thematische Mappe“ an, in der jeder Schüler Material zu seinem „Lieblingswort“ sammelt. Als Lieblingswort wählt jeder Erstklässler dasjenige Wort unter den auf dem Erkundungsgang entdeckten Wörtern aus, das ihm am besten „gefällt“, d. h., das ihm aus ganz subjektiven Gründen besonders interessant erscheint. Schließlich werden die Schüler des ersten Jahrganges in der Stammgruppe über ihre Erlebnisse und Entdeckungen berichten, die sie auf dem Lesespaziergang in das Umfeld der Schule gemacht haben. Im Anschluß an die Erläuterungen der Lehrerin beraten die Schüler des ersten Jahrganges gemeinsam mit ihr darüber, wo sie am ehesten Wörter finden können, wenn sie die Schule verlassen.

2. Phase: Der Spaziergang – die Entdeckung verschriftlichter Sinnbezüge
Während der zweite und dritte Jahrgang von den Horterzieherinnen bei der Freiarbeit betreut wird, verlassen die Lehrerinnen mit dem ersten Jahrgang die Schule und beginnen ihren Erkundungsgang in das schulische Umfeld. Die dabei entdeckten Wörter werden von den Schülern in ein selbst gebasteltes Wörterbuch geschrieben bzw. gemalt. Dabei achtet die Lehrerin darauf, daß möglichst nicht dieselben Wörter von der Schülergruppe festgehalten werden, sondern jeder Schüler sich auf das von ihm selbst gefundene Wort konzentriert. Außerdem ist der Weg, der auf dem Lesespaziergang genommen wird, im voraus von den Lehrerinnen erkundet und zwischen ihnen abgesprochen worden, um ein möglichst breites Spektrum verschriftlichter Sinnbezüge zu gewährleisten und Bedeutungsüberschneidungen während des Spazierganges, so weit möglich, zu vermeiden. In die Stammgruppenräume der Schule zurückgekehrt, erzählt der erste Jahrgang den älteren Jahrgängen, was er auf seinem Lesespaziergang erlebt hat. Dabei können die älteren Jahrgänge an die Erstklässler Fragen stellen. Die Erstklässler wiederum üben sich im Stuhlkreis in öffentlicher Selbstdarstellung, indem sie ihr Lieblingswort vorstellen und dessen Auswahl und Bevorzugung näher begründen.

3. Phase: Reflexion der außerschulischen Erfahrung im Schulunterricht
Die Lehrerin bildet Gruppen von je drei Schülern, die sich aus je einem Schüler der drei Altersjahrgänge der Stammgruppe zusammensetzen. Durch diese Form der Gruppenbildung sollen sachbezogene und soziale Lernprozesse von vornherein so aufeinander bezogen werden, daß die Fachkompetenz der Schüler ebenso wie ihre Sozialkompetenz (Konsens- und Kooperationsfähigkeit) gezielt gefördert werden können. Denn die Entwicklung von Sozialkompetenz ist nicht allein dadurch schon gewährleistet, daß anstelle der üblichen Jahrgangsklasse im Schulversuch entsprechend Petersens Jenaplan die veränderte Struktur der Stammgrup-

pe tritt. Eine solche Strukturveränderung erzeugt nämlich nicht von sich aus schon die gewünschte soziale Kompetenz bei den Schülern, sondern zeitigt die von ihr erwartete kompetenzsteigernde Wirkung nur dann, wenn die Schüler der drei Altersjahrgänge in der Gruppe zugleich arbeitsteilig differenziert und miteinander gemeinsam an einer für alle verbindlichen Aufgabenstellung arbeiten.

Diese Phase ist im Projektverlauf die zeitlich und inhaltlich umfangreichste; denn hier sind zahlreiche Aufgaben zu lösen und nur gemeinsam zu bewältigen. Als erstes geht es um die Aufgabe, die im schulischen Umfeld entdeckten Wörter für die Wörterkiste zu bearbeiten. Der erste Jahrgang sucht die in das selbst gebastelte Notizbuch geschriebenen Wörter heraus, die der dritte Jahrgang im Wörterverzeichnis eines Nachschlagewerkes nachsucht. Der zweite Jahrgang schreibt die Wörter sauber und orthographisch richtig auf eine Karte für die Wörterkiste. So lernt der erste Jahrgang gleichsam nebenbei schon die Benutzung eines Wörterverzeichnisses und Nachschlagewerkes kennen, während der dritte Jahrgang sich in dessen Benutzung übt und der zweite die Wörter korrekt zu schreiben lernt. Dabei erfolgt gleichzeitig eine erste gemeinsame Verständigung der drei Altersjahrgänge über die Bedeutung der notierten Wörter.

In einem weiteren Schritt stellen die Schüler weitere Sinnbezüge und Bedeutungskontexte her. Die Schüler des ersten Jahrganges malen ein Bild zu jedem Wort und berücksichtigen dabei die von der Lehrerin angebotenen Wörter zum Wortfeld ihres Lieblingswortes. Die Schüler des zweiten Jahrganges unterstützen die Erstklässler bei dieser Arbeit und schreiben außerdem einen Satz zu deren Lieblingswörtern. Die Schüler des dritten Jahrganges wiederum schreiben dazu eine Geschichte und Reime, wobei sie von den beiden jüngeren Jahrgängen unterstützt werden. Darüber hinaus wird Material zum Wortfeld der Lieblingswörter gesammelt. Auch die Lehrerin stellt dazu Material zur Verfügung. Die Schüler erhalten die Aufgabe, dafür von zu Hause Material mitzubringen. Die Erledigung dieser Aufgabenstellungen verlangt von den Schülern ein hohes Maß von Kooperationsfähigkeit und entwickelt und fördert ihre Fähigkeit, Lernprozesse selbständig zu organisieren. Die Öffnung des Erstleseunterrichts für außerschulische Erfahrungsprozesse steigert zudem die Lernmotivation der Schüler und eröffnet ihnen auf dem gemeinsamen Lesespaziergang verschiedene Perspektiven auf seine Lerngegenstände, wobei die gemeinsame Auseinandersetzung mit den unterschiedlichen Bedeutungsschichten der entdeckten Wörter und Wortfelder das mitgebrachte Welt- und Selbstverständnis erweitern hilft. Schließlich werden die Ergebnisse der gemeinsamen Arbeit an der Erschließung von Wortbedeutungen als verschriftlichten Sinnbezügen der außerschulischen Lebenswelt von den Schülern selbständig zu einem Wörterbuch verarbeitet, das mit seiner formalen Gestaltung auch die ästhetische Dimension schulischer Bildungsprozesse berücksichtigt.

4. Phase: Präsentation der Ergebnisse und weiterführende Perspektiven
Die Schüler des ersten Jahrganges stellen mit Unterstützung ihrer jeweiligen Gruppenmitglieder im Stuhlkreis die Ergebnisse ihrer Projektarbeit vor. Sie zeigen ihre Produkte, lesen vor, berichten über die Schwierigkeiten bei der Arbeit, über dabei gemachte Erfahrungen und Lernprozesse und beantworten Fragen aus der Stammgruppe. In einem Folgeprojekt kann dann die Schulumwelt erschlossen werden. Dieses Fortsetzungsprojekt kann an die Grundidee des ersten Lesespazierganges anschließen, soll aber eine neue Qualität entsprechend der fortgeschrittenen Lese- und Schreibfertigkeit des ersten Jahrganges erreichen. Nun werden nicht mehr einzelne Wörter in den Unterrichtsraum der Schule geholt, sondern die Schulumwelt wird in ihrer Komplexität und Vielschichtigkeit symbolisch und damit abstrakt „in den Gängen der Schule" präsent werden. Dies kann z.B. in Form der Erstellung eines Stadtplanes geschehen, an dem sich das in der außerschulischen Lebenswelt konkret Erfahrene auf formal-abstraktem Niveau noch einmal innerschulisch reflektieren und gemeinsam erörtern läßt.

Ergebnisse des Projektes
Das Projekt „Lesespaziergang" wurde im wesentlichen den dargestellten Zielvorstellungen und Planungsschritten entsprechend durchgeführt. Die nach dem Jenaplan arbeitenden Lehrerinnen beobachteten ebenso wie die wissenschaftliche Begleitung eine deutliche Steigerung der Kooperationsfähigkeit der Schüler in der Stammgruppenarbeit, die sie darauf zurückführen, daß die Schüler unter einer gemeinsamen Aufgabenstellung entsprechend ihren unterschiedlichen Lese- und Schreibfertigkeiten arbeitsteilig differenziert, aber tendenziell gleichgerichtet miteinander tätig werden und nicht wie bei einem bloßen Nebeneinanderarbeiten sich zur gegenseitigen Hilfeleistung aufgefordert fühlen.

Der Erkundungsgang in das schulische Umfeld führte des weiteren zu einer deutlichen Erhöhung der Motivation der Schüler des ersten Jahrganges, sich selbst den Sinngehalt und die Bedeutungsschichten unbekannter Wörter aus der außerschulischen Lebenswelt zu erschließen. Ein überzeugendes Beispiel für solche Motivationssteigerung war der Wunsch nicht nur der Schüler des ersten Jahrganges, sondern aller drei Altersjahrgänge, die Unterrichtspausen nicht zur Erholung zu nutzen, sondern an den gestellten Aufgaben aus eigenem Antrieb weiterzuarbeiten. Bei der Bedeutungserschließung der entdeckten, zunächst für sie unbekannten Wörter, machten die Schüler vor allem die Erfahrung, daß diese Wörter in verschiedenen Kontexten jeweils andere Sinnbezüge thematisieren können. Dabei machten die Lehrerinnen die Erfahrung, daß die Schüler bei der Bedeutungserschließung andere Sinnbezüge herstellten als diejenigen, die sie selbst bei der Vorbereitung des Lesespazierganges als besonders wichtig angesehen hatten. Dadurch wurden sich die Lehrerinnen selbst noch einmal der Differenz zwischen Erwachsenenwelt und kindlicher Lebenswelt bewußt und wurden auf das Problem aufmerksam, daß eine Lehrerin nicht stellvertretend für das Kind den Bedeutungsgehalt von Wörtern festlegen kann, daß vielmehr im Gespräch mit Kindern dieser Bedeutungsgehalt im Sinne persönlich bedeutsamen Lernens immer erst noch ausgehandelt werden muß. Durch diese Differenzerfahrung wurden den Lehrerinnen, die sich an Petersens Jenaplan orientieren, die Grenzen einer Reformpädagogik als „Pädagogik vom Kinde aus“ bewußt. So hatte z. B. eine Lehrerin – bezogen auf das Lieblingswort „Bahnhof“ – u.a. Material zum Thema Ferien ausgelegt, weil sie offensichtlich der Meinung war, daß Kinder in den Ferien mit dem Zug verreisen. Bei der Sichtung des angebotenen Materials zeigte ein Schüler mit den Worten „ist nichts für mich“, daß er zu diesem Bedeutungsgehalt des Wortes „Bahnhof“ keine persönliche Beziehung herstellen konnte. Wenn die Lehrerin mit dem Wort Bahnhof das Verreisen in den Ferien assoziiert, so lebt der Schüler offensichtlich in einer anderen Erfahrungswelt, in der das Verreisen wahrscheinlich an das Auto gebunden ist.

Für die Schüler des ersten Jahrganges war es das erste Mal, daß sie ihre Arbeitsergebnisse vor der gesamten Stammgruppe zu präsentieren hatten. Im Stuhlkreis wurde deutlich, wie wenig die Schüler des ersten Jahrganges mit der Aufgabe der öffentlichen Selbstdarstellung vertraut sind. Während sie sich in der Pause noch lebhaft über ihre Erlebnisse und Erfahrungen auf dem Lesespaziergang unterhielten, beendete der Stuhlkreis abrupt diese informelle Erzählsituation, stellte der Übergang in die offizielle Präsentationsphase alle Schüler – nicht nur die des ersten Jahrganges – vor unerwartete Schwierigkeiten: Die älteren Schüler stellten in der formalisierten Erzählsituation des Stuhlkreises überwiegend stereotype Fragen wie z.B. die Frage „Wieviel Wörter hast du gefunden“? Die Erstklässler wiederum berichteten nur in relativ wenigen Sätzen über ihre Erfahrungen mit dem Lesespaziergang. In der Schlußphase des Projektes konnte man bei der Präsentation der gegenständlichen Produkte der Projektarbeit deutlich Lernfortschritte in der öffentlichen Selbstdarstellung der Schüler feststellen.

Wenn auch bei der Durchführung des Projektes das „Bildungsgefälle“ (Petersen) zwischen den drei Altersjahrgängen der Stammgruppe produktiv genutzt werden konnte, so zeigte sich in der Präsentationsphase aber auch die Problematik einer solchen Stammgruppenarbeit. Denn dabei mußten die Erstklässler mit ihrer öffentlichen Selbstdarstellung eine Aufgabe übernehmen, deren Lösung sie selbst noch nicht beherrschten. Während in der üblichen Jahrgangsklasse in erster Linie der Lehrer die Schüler mit dem konfrontiert, was sie noch nicht können, aber einmal können sollen, nahmen im jahrgangsübergreifenden Unterricht der Stammgruppe diese Funktion die älteren Mitschüler wahr. Die Verhaltensschwierigkeiten, die sich daraus für die Erstklässler ergaben, aber legen den Schluß nahe, daß sich Lehrer bei der Unterrichtsplanung für die Stammgruppe nicht einfach auf Petersens anthropologisches Grundfaktum einer „ursprünglichen“ wechselseitigen

Bezogenheit der Schüler aufeinander verlassen können, sondern im Interesse an sozialem und persönlich bedeutsamem Lernen den Unterricht so planen müssen, daß jeder Jahrgang etwas anderes lernt, die Inhalte dieser Lernprozesse aber unter einer gemeinsamen Aufgabenstellung immer aufeinander bezogen bleiben.

Die ästhetische Dimension des Projektes wurde derart gestaltet, daß in der Kooperation der drei Altersjahrgänge der Stammgruppe Bücher zu verschiedenen Themen, zu denen jeder Jahrgang seinen spezifischen Beitrag leistete, entstanden. Dabei ermöglichte es die Offenheit der Aufgabenstellung, daß Schüler des ersten Jahrganges bereits Aufgaben lösten, die über die curricularen Anforderungen dieses Jahrganges deutlich hinausgingen. So schrieb schon ein Schüler des ersten Jahrganges eine Geschichte als Buchbeitrag, dessen orthographische Richtigkeit er sich von Schülern des dritten Jahrganges gewährleisten ließ. Wenn der Schulversuch Jenaplan Weimar im Schuljahr 1996/97 mit einer Druckerei ausgestattet wird, können der Stammgruppe bei der Buchherstellung noch weit größere Gestaltungsmöglichkeiten eröffnet werden.

Fazit

Mit dieser Projektbeschreibung habe ich versucht, einen kleinen Einblick in die Arbeit des Schulversuchs zu geben. Er zeigt auch, daß in einer solchen Arbeit nicht nur die Schüler die Lernenden sind, sondern auch die Lehrerinnen und die Wissenschaftler. Neben der Aufnahme und kritischen Reflexion und der Modernisierung reformpädagogisch orientierter Motive und Vermittlungen erfüllt der Versuch eine zweite wichtige Aufgabe. Mit der Konzentrierung der Arbeit des Schulversuches auf die *Konsens- und Kooperationsbereitschaft* der Lernenden und auf die Förderung ihrer Fähigkeiten im *dikursiv – dialogischen Aushandeln*[1] personaler und sozialer Identitäten werden nicht nur Elemente einer modernen Schule entwickelt, sondern auch solche, die eine europäische Perspektive besitzen.

Anmerkungen

1.) vgl. zu dieser Problematik Kemper, H.: Wie alternativ sind alternative Schulen? Theorie, Geschichte und Praxis, Weinheim 1991

2.) vgl. Antrag auf Erweiterung der Jenaplan-Schule Weimar um den vierten Grundschuljahrgang mit alternativen Anschlußmöglichkeiten an die Sekundarstufe I sowie auf Ausbau zu einer zweizügigen Grundschule ab Schuljahr 1995/96 der „Projektgruppe Schulversuch Jenaplan Weimar“ an das Thüringer Kultusministerium, Erfurt 1995

3.) Die folgende Projektbeschreibung stützt sich auf die Darstellung im zweiten Zwischenbericht der wissenschaftlichen Begleitung an das Thüringer Kultusministerium. Kemper, H./ Protz, S. (Hrsg.): Schulwirklichkeit und Schulversuch. 2. Zwischenbericht zur Jena-Plan-Initiative Weimar, Erfurt 1996

4.) vgl. zum Prinzip der Mehrperspektivität im Unterricht und zur dialogischen Erziehung Kemper, H.: Mehrperspektivischer Unterricht und dialogische Erziehung in der Schule. In: Protz, S. (Hrsg.): Europa als Bildungsgemeinschaft. Bildung-Schulreform-Lehrerbildung. Rudolstadt 1997, S.81-90; Protz, S./ Barth, G.: Mehrperspektivischer Unterricht – eine forschungsmethodische Aufgabe, in: ebenda, S.330-341

5.) Wir möchten an dieser Stelle Ute Andresen für ihre ideenreiche Projektberatung danken

6.) zur interkulturellen Dimension im Sinne einer europäischen Bildung vgl. Protz, S.: Die Bedeutung des Bildungsgedankens für eine europäische Schulreform, In: Protz, S. (Hrsg.)., Europa als Bildungsgemeinschaft. Bildung – Schulreform – Lehrerbildung. Rudolstadt 1997, S.49-71

7.) zur vergessenen Tradition einer Erziehung als Dialog siehe Kemper, H.: Erziehung als Dialog: Anfragen an Janusz Korczak und Platon-Sokrates, Weinheim 1990

Autoren

Gernot Barth, Dr.	Wissenschaftlicher Mitarbeiter am Institut für Schulpädagogik Pädagogische Hochschule Erfurt Thüringen
László Dinya, Dr.	Stellvertretender Staatssekretär im Ministerium für Kultur und Bildung Ungarn
Ursula Gardeia, Dr.	Thüringer Institut für Lehrerfortbildung, Lehrplanentwicklung und Medien, Bad Berka Thüringen
Herwart Kemper, Prof. Dr.	Direktor des Instituts für Schulpädagogik Pädagogische Hochschule Erfurt Thüringen
Christina Kindervater, Dr.	Referatsleiterin für Bildungsplanung, Schulentwicklung und Schulorganisation im Kultusministerium Thüringen
György Mikonya, Dr.	Wissenschaftlicher Mitarbeiter am Lehrstuhl für Erziehungswissenschaften Loránd-Eötvös-Universität Budapest Ungarn
Siegfried Protz, Prof. Dr.	Institut für Schulpädagogik Pädagogische Hochschule Erfurt Thüringen
Katalin Rádli, Dr.	Stellvertretende Hauptabteilungsleiterin im Ministerium für Kultur und Bildung, Bad Berka Ungarn
Bernd Schreier, Dr.	Direktor des Thüringer Instituts für Lehrerfortbildung, Lehrplan, entwicklung und Medien, Bad Berka Ungarn
Hermann Ströbel	Staatssekretär im Kultusministerium Thüringen
Horst Weishaupt, Prof. Dr.	Institut für Allgemeine Erziehungswissenschaft und Empirische Bildungsforschung Pädagogische Hochschule Erfurt Thüringen
Éva Zám, Prof. Dr.	Rektorin der Károly-Eszterházy-Pädagogischen Hochschule Eger Ungarn

Tagungsprogramm

Tagungsablauf

Die Tagung beschäftigt sich mit drei Themenbereichen:
1. Lehreraus- und Lehrerweiterbildung in Ungarn und Thüringen
2. Probleme der Schulentwicklung in Ungarn und Thüringen
3. Möglichkeiten der Verortung des europäischen Bildungsgedankens als fächerübergreifendes Prinzip in Lehrplänen

---

Donnerstag, 30. Oktober 1997

08.45 Seminarraum SR I	**Begrüßung der Teilnehmer und Eröffnung der Tagung** durch den Dekan der Erziehungswissenschaftlichen Fakultät der Pädagogischen Hochschule Erfurt, Herrn Prof. Dr. Herwart KEMPER	
09.00-13.00 Uhr	**Diskussionsrunde I:**	
09.00-09.20 Uhr	Herr Hermann STRÖBEL, Staatssekretär im Thüringer Kultusministerium, Erfurt: Modelle zur Weiterentwicklung der Lehrerbildung in Thüringen	
09.20-09.40 Uhr	Herr Dr. László DINYA, Stellvertretender Staatssekretär im Ministerium für Kultur und Bildung, Budapest: Die Modernisierung des ungarischen Hochschulwesens	
0.940-10.00 Uhr	Frau Dr. Katalin RÁDLI, Stellvertretende Hauptabteilungsleiterin im Ministerium für Kultur und Bildung, Budapest: Fragen der Entwicklung der pädagogischen Bildung und pädagogischen Weiterbildung in Ungarn	
10.00-11.00 Uhr	Diskussion zu den Beiträgen	Moderatorin: Herr Prof. Dr. Horst WEISHAUPT, Pädagogische Hochschule Erfurt (angefragt)
11.00-11.30 Uhr	**Pause**	
11.30-11.50 Uhr	Herr Prof. Dr. Herwart KEMPER, Pädagogische Hochschule Erfurt: Veränderung der Lehrerausbildung durch eine Veränderung des Praktikums	
11.50-12.10 Uhr	Frau Prof. Dr. Éva ZÁM, Rektorin der Károly-Eszterházy-Pädagogischen Hochschule, Eger: Die ungarischen Pädagogischen Hochschulen in dem sich wandelnden System der Lehrerausbildung	
12.10-13.00 Uhr	Diskussion zu den Beiträgen	Moderation: Herr Prof. Dr. Peter ZEDLER, Pädagogische Hochschule Erfurt
13.00-14.00 Uhr	**Pause**	

14.00-16.00 Uhr	**Diskussionsrunde II**
14.00-14.20 Uhr	Herr Prof. Dr. Horst WEISHAUPT, Pädagogische Hochschule Erfurt: Fragen und Probleme der Schulentwicklung in Thüringen
14.20-14.40 Uhr	Herr Dr. György MKONYA, Loránd-Eötvös-Universität, Budapest: Schulentwicklung in Ungarn im Geist der Jenaplan-Pädagogik – Die Rolle des Dokumentations- und Forschungsstelle für Reformpädagogik an der Eötvös-Universität Budapest bei der Unterstützung von Schulinitiativen und ihre wissenschaftliche Begleitung
14.40-15.00 Uhr	Frau Dr. Christina KINDERVATER, Thüringer Kultusministerium, Erfurt: Die Rolle von Schulversuchen für die Schulentwicklung in Thüringen
15.00-15.50 Uhr	Diskussion zu den Beiträgen — Moderation: Herr Prof. Dr. Siegfried PROTZ, Pädagogische Hochschule Erfurt
15.50-16.10 Uhr	**Pause**
16.10-18.10 Uhr	**Diskussionsrunde III:**
16.10-16.30 Uhr	Frau Dr. Ursula GARDEIA; Thüringer Institut für Lehrerfortbildung, Lehrplanentwicklung u. Medien, Bad Berka: Neue Thüringer Lehrpläne im Kontext von Schulentwicklung – Konzept, Möglichkeiten, Grenzen
16.30-16.50 Uhr	Herr Bernd SCHREIER, Direktor des Thüringer Instituts für Lehrerfortbildung, Lehrplanentwicklung und Medien, Bad Berka: Schule und europäische Dimension im Spannungsfeld von Lehrplanintention und innerschulischer Praxis
16.50-17.10 Uhr	Herr Prof. Dr. Siegfried PROTZ und Mitarbeiter des Instituts für Schulpädagogik der Pädagogischen Hochschule Erfurt: Europa im Unterricht – Modellvorstellungen eines gemeinsamen Projektes
17.10-18.00 Uhr	Diskussion zu den Beiträgen — Moderation: Herr Prof. Dr. Manfred ECKERT, Pädagogische Hochschule Erfurt
18.00-18.20 Uhr	**Pause**
18.20 Uhr	Abschließende Diskussion zur Tagung Moderation: Herr Prof. Dr. Peter ZEDLER, Pädagogische Hochschule Erfurt